Amérique

Jean Baudrillard

美　国

·修订译本·

［法］让·鲍德里亚　著　　张生　译

 上海人民出版社

目　录

图 1　美国西部沙漠

对鲍德里亚《美国》的解读

　　"自德·托克维尔以来，法国思想家就对美国深深着迷。但是，当它变得神秘矛盾和热情复杂的时候，在对新世界的思考上，没有一个法国知识分子能和让·鲍德里亚相比。"这是1988年Verso出版社出版、克瑞斯·特纳（Chris Turner）翻译的鲍德里亚《美国》英文版封底上所引用的《纽约时报》的一段话。显然，该文作者认为，在对现今，也即20世纪的美国的思考上，鲍德里亚是可以与托克维尔对19世纪美国的思考相媲美的。这当然有些勉强，不过，在《美国》一书中，鲍德里亚倒是不仅时常提到托克维尔，还有意借鉴了他的一些观点。但与托克维尔在美国待了九个月相比，他只待了三个月不到，所以，《美国》并不像《论美国的民主》那样是厚重的专门性的研究著作，而只是一本游记。

　　但这本表面上浮光掠影的游记并不是一本普通的游记，因为作为一位思想家和后现代主义的大师，鲍德里亚在对美国的观察中融入了他自己的深入思考，尤其是他独特的"跨界"写作风格，给这种思考带来了一种更为丰富和别出心裁的表达。正如道格拉斯·凯尔纳所言，"鲍德里亚的风格和写作策略也是内爆式的，他用一种消除了所有学科边界的后现代理论新模式将完全不同领域的材料和大众媒介与流行文化的例子合并在一起"①。在这本书中，他同样娴熟地运用这种行文方式，对美国及美国文化的特点进行了出人意表但却深刻的分析。如他从随处可见的美国人总是挂在脸上的微笑谈起，指出其背后所蕴涵的空虚与冷漠，因为他们"从来不是对着他人微笑，而总是对着他们自己微笑"②。而在他将加州圣塔巴巴拉山坡上的别墅视为殡仪馆已经让人大吃一惊之时，他更进一步提示，这里所有的寓所，以及屋中的陈设，都具有坟墓的性质，死亡的气息，而这种无处不在的死亡气息展现的正是美国"已成为现实的乌托邦的不祥的命运"③。除此之外，他还对盛行于美国的慢跑、动作怪异的霹雳舞、莫名其妙的涂鸦、声势浩大的纽约马拉松比赛，甚至汽车上印制的运输公司的名字都抒发了自己奇妙的同时也是惊人的感想。

---

① 道格拉斯·凯尔纳：《千年末的让·鲍德里亚》，见道格拉斯·凯尔纳编《鲍德里亚：一个批判性读本》，江苏人民出版社 2008 年版，第 13 页。

② 让·鲍德里亚：《美国》（修订译本），张生译，上海人民出版社 2024 年版，第 37 页。

③ 同上书，第 57 页。

不过，鲍德里亚这种发言玄远的风格只是此书的特点之一，真正支持该书的是打有他很深个人印迹的"文化地理学"的考察方法。或许是有意与他的前辈托克维尔划清界限，鲍德里亚在书中不止一次地声称，关于这个国家，他在美国的高速公路上、沙漠里、城市的街道中学到的远比从美国的学术界学到的要多得多。虽然，托克维尔《论美国的民主》第一章就是介绍美国自然环境的"北美的地貌"，但他并没有由此出发，对美国进行考察，鲍德里亚却就此展开，由地理一跃而至文化，对美国的存在做出了一番文化地理学的勘探。

> 我寻找的是星体的美国，是可以在高速公路上享有无用却绝对的自由的美国，而从来不是社会和文化的美国，是拥有沙漠速度、汽车旅馆和矿物地表的美国，而从来不是习俗和精神深度的美国。在电影剧情的速度中，在电视冷漠的反光中，在穿越虚空日夜放映的影片中，在符号、影像、面孔和行路仪式那神奇地不具备任何情感的连续中，我寻找着它。[1]

由此可知，鲍德里亚这种"文化地理学"的考察

---

[1] ［法］让·鲍德里亚：《美国》（修订译本），张生译，上海人民出版社 2024 年版，第 25 页。

法，所考察的并非我们所熟知的那种等同于"地质"的自然地理，也非习见的考察自然地理与文化历史之间关系的人文地理，而是既考察地质状况也考察人文状况的总的地理情况，并进而上升到文化高度的一种做法。所以，鲍德里亚说，自己所欲在美国寻求的"社会的未来灾变的完结形式"，也即现阶段美国的特征，是可以在这两种地理现象中发现的，即"在地质学中，在深度的翻转中——见证这一深度的，是纹路丛生的空间，是盐和石头的地貌，是化石河流蜿蜒而下的峡谷，是侵蚀和地质缓慢形成的远古深渊，我甚至在大都市的垂直性中去寻找它"。① 换句话说，鲍德里亚是把美国变化的地质和崛起的城市都看成可直接显现其特质的现象了。

是故，鲍德里亚直言，当别人把时间花在图书馆里，从故纸堆中，"从观念的历史中提取他们的材料"，以寻找和把握美国的时候，他是把时间花在沙漠和路上，"从时事，从街道活动，从自然美景中"，提取其研究美国的素材的。用他自信的口吻来说，就是"我的狩猎场是沙漠、山脉、高速公路、洛杉矶、西夫韦超市、萧条的市镇或市区，而不是大学的报告厅"。② 的确如此，在该

---

① ［法］让·鲍德里亚：《美国》（修订译本），张生译，上海人民出版社 2024 年版，第 25 页。
② 同上书，第 103 页。

书中，鲍德里亚更多地是用一种灵动的笔触描述他的旅行见闻，从中展现美国的特质，却非动辄引用高头讲章，以论证自己的美国观。而综合其行文方式，以及他对事物的考察路径，我们或许可以对鲍德里亚的《美国》得出这样的结论：与其说他是在模仿托克维尔，还不如说是在学习1970年罗兰·巴特在东瀛一游后写出的《符号帝国》。

在鲍德里亚眼里，美国最为触目的地理特征就是沙漠。当然，这不仅是横贯美国中西部的自然的真实的沙漠，也是一种文化意义上的沙漠。鲍德里亚认为，沙漠化或者沙漠状态就是美国及美国文化最大也是最为重要的特征。不说书中对沙漠的众多描述和阐发，仅从本书最后一章的标题"永远的沙漠"就可看出其在鲍德里亚心目中的地位。而鲍德里亚之所以使用沙漠来概括美国及美国文化的特征，首先是由于沙漠自身所具有的自然特性所决定的。沙漠的均一，冷漠，空间的浩瀚，时间的无始无终，以及单调，枯燥，荒凉，非人化，还有不时产生的虚幻的海市蜃楼，挥之不去的死亡气息，都让人印象深刻。鲍德里亚也特地解释了沙漠的这种与众不同的自然特性给他带来的感受，"为什么沙漠如此迷人？因为一切深度问题在这里都得到解答——明亮的、移动的、表面的中立性，对意义和深度的挑战，对自然和文化的挑战，对外部的超空间的挑战，从此以后不再有起源，不再有参照。"①鲍德里亚认为，这种沙漠特性也正是洛杉矶的特征。

这种灿烂的、无根的、表面化的，而又似乎是处于变动中的、不无虚幻色彩的沙漠固然让鲍德里亚心有所感，并以此来描述和概括洛杉矶这座城市的特点，还有一个关键的所在就是，美国的沙漠和别的地方的沙漠是不一样的，这种差异并不在于沙漠的自然属性，而是它在文化上的迥然有别。在鲍德里亚看来，美国西部的沙漠具有其他国家的沙漠所不具有的"独创性"，即一种奇特的匪夷所思的"共生现象"，各种矛盾的、极端的、反差强烈的事物都在沙漠中融为一体。沙漠中有人造的装有空调的绿洲，荒凉的道路上有人造汽车的疯狂的速度，无生命的干燥的死亡谷和可在赌博中挥洒自己生命的拉斯维加斯，纷然杂陈，不可分离。而这一切，这种极度的自然和极度的人工，以及无论是从理论上还是在现实中都相互冲突不可共存的事物，只有在美国的沙漠中才被并置在一起，也才成为奇异的现实。

鲍德里亚对此显然深有感触，"必须全盘接受不变的持续性和最疯狂的瞬间性。在空间和赌博的乏味之间，在速度和花费的乏味之间，存在某种神秘的亲缘性。这就是美国西部沙漠的独特性，一种暴力的、强烈的并置。

---

① 让·鲍德里亚：《美国》（修订译本），张生译，上海人民出版社2024年版，第181页。

整个国家也是如此：必须接受整体，因为正是这种冲撞造就了美国式生活的明亮、令人振奋的一面，正如在沙漠中，每样事物都是沙漠魔力的一部分。如果你在评价这个社会时，目光稍带一点道德、美学或批判的色彩，那么你就会抹杀它的独特性，后者恰好刚刚向评判提出了挑战，并神奇地混合了各种效果"①。当然，还有一个原因也不可忽视，因为，鲍德里亚是把美国看作是未来社会的终结形式来考察的，而沙漠的死寂、没有生命也就成了他所认为的理想终结的象征，"沙漠是一种身体内部沉默的自然延伸。如果说人类的语言、技术、机制是其建构能力的延伸，那么沙漠就是其缺席能力的延伸，是其消失形式的理想图景"②。

从沙漠的这些特性出发，鲍德里亚对美国及美国文化进行了沙漠化的定义，或者沙漠状态的描述。他不仅认为整个美国都是沙漠，其文化也具有沙漠的特质，即"文化在这里处于未开化状态"③。它浑然天成，以一种自发的原始状态展开，对无意中所融汇的各种矛盾事物和混乱性视作自然和当然，而丝毫不考虑这些事物在其原初存在中所具有的美学和意义，但这种判断的缺席却起

---

① 让·鲍德里亚：《美国》(修订译本)，张生译，上海人民出版社2024年版，第108页。
② 同上书，第110页。
③ 同上书，第151页。

到了意想不到的效果，并因此形成了一种新的文化，即鲍德里亚笔下的沙漠文化。这种沙漠文化"表明了每种人类制度背后的空虚和根本的赤裸。同时，它们将人类制度视作一种空虚的隐喻，将人类的工作视作沙漠的连续性，将文化视作一种海市蜃楼，和拟像的永恒性"①。如前所言，洛杉矶这座城市就具有强烈的沙漠性。在这个紧靠沙漠的城市里，没有地铁，也没有高架火车，即既无地上空间，也无地下空间；同时，既无中心，也无纪念碑这样的标志性的、可以确定方位以及赋予城市层次与等级的东西，这个城市各处没有任何差别，有的只是像沙漠一样平坦的无限延伸的表面，"是纯粹的延展空间的力量，是我们在沙漠中发现的力量。沙漠形式的力量：在沙漠中，是对一切痕迹的抹除，在城市中，是对符号所指的抹除，在身体中，是对一切心理状态的抹除。动物性的、形而上的吸引力，即延展空间的直接的吸引力，干燥和荒凉的内在的吸引力"②。这种魔力，鲍德里亚认为，也是与其所具的沙漠的"电影化的外表"，或者，与其所具的"拟像"特点是不无关系的。

当然，在此书中，除了运用这种由地理而文化的"文化地理学"的考察法外，鲍德里亚在探讨美国时，还

---

① 让·鲍德里亚：《美国》(修订译本)，张生译，上海人民出版社2024年版，第103页。

② 同上书，第183页。

始终有一个参照物，那就是法国和欧洲。所以，在解读美国这个新世界的同时，鲍德里亚也不时回望大洋彼岸的旧世界，以从中发现二者各自的特点。不过，其着力点也还是美国。

首先，就是两个地方在空间上的差异。其中，最直接的就是自然空间的差异，这也是到美国后第一眼就可看出的美国与欧洲大陆的不同。前者的完整无缺、浑然一体、天空的辽阔、云朵的厚重，是与欧洲的条分缕析、小小的天空、如絮的云彩截然不同的。这种自然空间的不同，也导致双方在城市和街道这种人造空间上的差异。鲍德里亚把夜晚灯光下的洛杉矶比作希热尼莫瑟·布斯（Hieronymus Bosch）所画的地狱，其灿烂耀眼，不仅让人眩晕，也让人的思想深深震撼，"可能目光从来不曾有机会遭遇如此的广度，甚至连大海都不会给人这种感受，因为它没有从几何学上予以划分。欧洲城市不规则的、分散的闪光也无法产生平行线、没影点和空间透视。它们是中世纪的城市。这个城市在夜里浓缩了人际关系网络的整个未来几何学，在抽象中若隐若现，在延展中闪闪发光，在无限的再生产中变得像星空一般。"[①]美国城市空间的开阔，使街道上充满了人群，喧闹的声音和各种各样的广告，这使街道骚动不安，富有活力。欧洲的

---

① 让·鲍德里亚：《美国》（修订译本），张生译，上海人民出版社2024年版，第87页。

街道之所以只会在革命和架设路障的时候，才会挤满人群，汹涌不已，鲍德里亚认为，原因即在于城市没有足够的空间。或者，由于空间的缺乏，导致空间更多地被视为是公共的，而让普通人或个人无法拥有和享用。这就像欧洲的汽车，大都是紧凑型的小车，不像美国的汽车，体量庞大，占用相当的空间，甚至人都可以在里面生活。而这些空间的差异，又对人的精神面貌产生了影响，美国人没有贵族式的优雅，也没有法国人的"礼仪和矫揉造作"，但是，他们拥有来自对空间的占有的一种"轻松"，而行动上的自由，又使他们拥有"一种空间的民主的文化"①。

其次，是社会形态的差异。这个问题鲍德里亚表述得较为复杂，一方面，他认为美国的社会是"现存的唯一的原始社会"，但因为它又与我们过去所有的原始社会不同，所以又似乎是一个"未来的"原始社会，其空间的荒凉和所具的初始性，历史的匮乏与缺乏过去，其坦率而善良的良心，社会的最大程度的混合，都呈现了一种原始社会的特性，"这里的一切仍带有原始社会的印迹：技术、媒体、彻底的仿真（生物的、社会的、立体声的、视频的）都以一种野性的、原初的状态发展着。无意义规模巨大，沙漠保留着原始的场景，即使在大都

---

① 让·鲍德里亚：《美国》（修订译本），张生译，上海人民出版社 2024 年版，第 144 页。

市也一样。空间的开阔，语言和性格的单纯……"① 这
与拥有漫长历史的欧洲反差是很大的。而另一方面，美
国又是一个"实现了"的乌托邦，欧洲所梦想的一切，
都在这里成为现实，"它是其他人所有的梦想的完全实
现——正义、富庶、法治、财产、自由"②。这也与欧洲
差别甚大，美国人的习惯是把理念建造为现实，而欧洲
人却正好相反，喜欢把现实转化为理念或者意识形态，
显然，两者所追求的目的与意义是不一样的。

在这个实现了的乌托邦社会，其最显著的特征就是
宗教已经成为（或者说，依然是）生活方式的一部分，
而在日常生活中，美国人也有一种对道德的着魔。但鲍
德里亚觉得他们的这种宗教和道德观念与欧洲相比，却
有一种明显的滞后现象，美国人似乎依然生活在 18 世纪
的乌托邦和道德观，甚至 17 世纪清教徒的宗派看法之
下，所以，他们具有一种天真，一种并非伪善的道德风
尚。鲍德里亚明确指出，"在他们的集体意识中，他们更
接近于 18 世纪的思想模式，也就是乌托邦思想和实用主
义，而不是那些被法国大革命所强加的意识形态和革命
的东西"③。这一发现的确让人感到耳目一新，但鲍德里

---

① 让·鲍德里亚：《美国》（修订译本），张生译，上海人民出版社
2024 年版，第 102 页。
② 同上书，第 121 页。
③ 同上书，第 139 页。

亚对此原因的解释，却多少有些出乎意料，他认为美国人能够成为 17 世纪的道德楷模，18 世纪的乌托邦的活化石，全拜辽阔的大西洋所赐。因为当欧洲社会被卷入 19 世纪的革命中时，他们因为这个天然的透明的液体沙漠而幸免于这场巨大的火与血、灵与肉的残酷洗礼，时间因之凝固了，整个美国被冰冻了起来，也因之不再发生变化，直接把 17 和 18 世纪欧洲的思想与宗教生活保鲜到了两百年后的今天。所以，相对于欧洲，美国这个乌托邦社会其实又是个"古代社会"。

不过，无论是"未来的原始社会"，还是"实现了的乌托邦"，其与欧洲最大的差别还是在现代性方面的差异。对此，鲍德里亚似乎深有所感，他由衷地感叹，"美国是现代性的原始版本，而我们是配了音或加了字幕的版本"[①]。而美国这种现代性的原创性固然与技术有关，但更为本质的是，它自身就是一个超现实的乌托邦，它是由欧洲的"梦幻的材料"所铸成的，在一个欧洲人看来，这里所见之物，无非是拟像，而美国人自身，也不过是某种仿真。从某种意义上，鲍德里亚的这个判断，是一个超越现代性的判断。这是一种他所擅长的影像与现实关系的思考方式的结果。以此审视美国，其最强烈的特点就是整个国家的电影化，沙漠像是西部片的布景，

---

① 让·鲍德里亚：《美国》（修订译本），张生译，上海人民出版社 2024 年版，第 120 页。

"都市像是一个符号和程式的屏幕"①。而与欧洲的差别也就在影像的不同上，因为在意大利、荷兰，当你从一个画廊走出的时候，只不过觉得城市像里面的绘画，可在美国，当你从一幢房屋中走出的时候，你会觉得外面的街道和建筑，甚至天空都像电影或者屏幕上显现的某种东西。绘画与电影或者屏幕的差别，就是欧洲与美国的差别。正如意大利或荷兰，还有法国，都是按照绘画的规律或特点建设起来的一样，美国的一切——高速公路、摩天大楼、中西部的小镇，则都是按照电影的规律和特点，或者，"是根据屏幕的逻辑建造起来的，它是某个规模宏大的屏幕的折光"②。这种电影或屏幕的机动性和对现实的控制能力，显然是超越静止的平面绘画的。这种对比也因此让鲍德里亚产生了一种文化上的绝望感。

美国和欧洲的对比与其说拉近了两者的关系，不如说显现了一种扭曲，一种不可逾越的断裂。分开我们的，不仅仅是时差，而是现代性的整个深渊。人是生而为现代人，而不是成为现代人的。而我们从来没有成为现代人。在巴黎，跃入眼帘的，是19世纪。人们从洛杉矶回来，在19世纪着陆。每个国

---

① 让·鲍德里亚：《美国》（修订译本），张生译，上海人民出版社2024年版，第93页。

② 同上书，第91页。

家都具有某种历史的宿命，它几乎明确地标明了它的特性。对于我们来说，描绘我们的风景的轮廓的，是 1789 年的资产阶级模式，和这一模式无止尽的衰败。对于它，我们无可奈何：这里的一切都围绕着 19 世纪的资产阶级梦想而旋转。[①]

在美国所拥有的原版现代性面前，法国乃至欧洲都不过是个"第三世界"，是个落后于现代的"古代社会"，相互间的学习和模仿永远都不能内化为自己的特性。正如法国不可能变成美国一样，美国也无法把握欧洲的"先验的、历史的世界观"，而"第三世界国家永远无法将民主和技术进步的价值观内在化一样——根本性的裂隙是存在的，而且不可能被跨越"[②]。在鲍德里亚看来，正是这种文化的、历史的"裂隙"的不可跨越，才使美国和欧洲或者更多的国家之间相互吸引和怨恨。而这种怨恨其实是一种永远的挥之不去的对对方的乡愁。

诚然，鲍德里亚在该书中对美国和欧洲的比较，还有更为直接的对美国的描摹，无不打下了自己深深的印迹，由于其强烈的个人化风格和观点的新奇，而引起很多批评，对此，1992 年，鲍德里亚在埃塞克斯大学

---

① 让·鲍德里亚：《美国》（修订译本），张生译，上海人民出版社 2023 年版，第 117 页。

② 同上书，第 123 页。

（Essex University）讲演时说自己对美国的思考"基本上是一篇虚构"，他也承认他的"观点因此将是十分的外行，属于某种文化形而上学"，因为他没有资格谈论"美国的经济、政治或是司法方面的问题"。[①] 话虽如此，但我们并不能对鲍德里亚的美国观感完全予以否定，实际上，鲍德里亚尽管此前并未前往美国游历，但他一直在"文化形而上学"的层面上关注并研究着美国，可以说，他在此书中对美国的种种"发现"，很大程度上，是对他以往的"发现"的"印证"。

当然，这其中自然会有不合"先入之见"的地方，为此，鲍德里亚难免要削足适履，这样一来，惹人非议也就在所难免了。

张　生

2008 年 8 月，于上海五角场

---

① 道格拉斯·凯尔纳：《千年末的让·鲍德里亚》，见道格拉斯·凯尔纳编：《鲍德里亚：批判性的读本》，江苏人民出版社2008 年版，第 27 页。

图 2　没影点

没影点

注意：后视镜中的物体会比它们看起来更近！①

乡愁来自得克萨斯无尽的丘陵和新墨西哥锯齿状的山脉：流畅下行的高速公路，克莱斯勒汽车的立体声音响播放的热门流行的劲歌金曲，汹涌的热浪。零星的照片是不够的。我们有必要把旅程全都拍摄下来，做成与实际时长相等的电影，包括无法忍受的高温和音乐。我们将会在家中的某个暗室里，把它从头到尾重放一遍，重新发现高速公路、距离、沙漠中的冰镇烈酒以及速度的魔力，把这一切在家中通过录像实时地重新体验一次，不只是为了回忆的快乐，也因为无意义的重复的迷人魅力正在于此，在于对旅程的抽象中。沙漠的展开无限地接近胶片的这种永恒性……

---

① 这句话是印在美国汽车后视镜上的文字。

圣安东尼奥

扮成"奇卡诺人"（Chicanos）的墨西哥人，作为导游带领人们参观阿拉莫要塞（El Alamo）[①]，赞颂着曾遭受他们自己的祖先勇猛屠杀的美国国家英雄们。然而，他们的祖先虽然完成了最艰苦卓绝的工作，可他们却没能逃脱这种劳动分工的命运。今天，他们的子孙后代在这里，在战场原址上，赞美着偷去他们领土的美国人。历史充满了诡计和狡诈。而非法穿越边境来这里工作的墨西哥人也同样如此。

盐湖城

浮华壮丽的对称式摩门教教堂。到处都是没有瑕疵的阴森的大理石建筑（州议会大厦，游客中心的管风琴）。除此之外，还有一种洛杉矶式的现代性，以及所有某种来自外星球的最低限度的舒适的小玩意

[①] 阿拉莫要塞（the Alamo）：位于得克萨斯州圣安东尼奥市区，原为墨西哥所有，1836年得克萨斯脱离墨西哥独立，墨西哥派军镇压，在此与守军发生激战并获得胜利。

儿。耶稣像装饰的穹顶［这里所有的耶稣像看起来都像比约·博格（Björn Borg），^①因为它们都是从托瓦尔森（Thorwaldsen）^②的耶稣像拷贝而来］仿佛取自《第三类接触》^③：作为特效的宗教。另外，整个城市具有某种来自别的地方的物体的透明性，及其超人类的、不属于地球的整洁感。对称的、明亮的、压倒一切的抽象性。在整个由大理石、玫瑰和福音营销构成的塔布奈口（Tabernacle）礼拜堂地区，电子布谷鸟钟在每个十字路口大声鸣唱：在沙漠的心脏地带，在高温之下，弥漫着一种令人震惊的清教徒式的强迫症气息。

近处是水质沉重的大湖，湖水因高含盐量而显出同样的超真实感，更远处，是大盐湖沙漠，在这里，人们不断挑战各种原型车的速度极限^④，以消除绝对的水平状

---

① 比约·博格（Björn Borg, 1956— ）：瑞典著名网球运动员，曾多次获法网及温布尔登男单冠军。鲍德里亚在此称托瓦尔森的耶稣塑像像比约·博格，或意为托瓦尔森的耶稣塑像原型取自北欧人。

② 托瓦尔森（Bertel Thorwaldsen, 1770—1844）：丹麦新古典主义雕塑家，以肖像雕塑闻名。他为哥本哈根圣母院雕塑的《复活的耶稣像》，成为世界各地摩门教教堂的摹本。

③ 《第三类接触》（*Close Encounters of the Third Kind*）：1977年上映的由史蒂文·斯皮尔伯格导演的科幻电影，内有在沙漠中修建基地迎接外星人情节。

④ 盐湖城的博内维尔（Bonneville）盐滩每年八到十月都举办历史悠久的汽车竞速比赛，如"博内维尔竞速周"（Bonneville Speed Week）等，参赛者改装各种车辆，以追求创造速度纪录。

态……但城市本身却像块宝石，其纯净的空气和令人叹为观止的都市景观，比洛杉矶更美。这些摩门教徒展现了多么惊人的才华和多么现代感的真诚，他们是富裕的银行家、音乐家、国际系谱学者、多配偶论者（纽约帝国大厦也会令人联想到这种阴森的、威力被扩大至 X 级的清教主义）。是这群变异者的超越性别的资本主义式骄傲赋予了这座城市以魔力，以此与拉斯维加斯这个沙漠另一侧的伟大的娼妓的魔力相抗衡。

纪念碑谷

死马点

大峡谷

地质上的——因此是形而上学的——不朽性，与普通地形的物理高度形成对比。被风、水和冰雕刻出的夸张浮雕图案，会将你拽入时间的漩涡，拽入某种缓缓而来的灾难的无情永恒。如果认为需要成百万上亿年时间，才能让这里的地表慢慢被侵蚀，这样的想法是反常的，因为它会促使产生一种感觉，即在人类出现很早以前，符号就已通过密封在自然元素之间的某个有关磨损和侵蚀的协议而产生。在本质上纯属地质元素的符号所形成的这种的巨大的堆积中，人类根本起不了任何作用。或许只有印第安人对其中微乎其微的一部分做出过阐释。然而，它们的确是符号。因为沙漠的未开化状态仅仅是表面的。整个纳瓦霍人（Navajo）的国土，通往大峡谷的长长的高地，纪念碑谷（Monument Valley）前的悬崖峭壁，绿河（Green River）的深渊，到处都充满了一种魔力般的存在，它与自然毫无关系（这整片国土的秘密或许是，它曾是海底的地貌，在自由的空气中保留了大洋地貌的超现实性）。人们会明白，为什么印第安人需要强大的魔法，和一种非常残酷的宗教，来抵御沙漠中这种地质和天体事件的理论上的庄严性，并令生活适应这样一种背景。如果先于人的符号拥有这样的力量，那么人是什么呢？人类不得不发明同其周围的自然剧变的秩序相称的献祭（sacrifices）。

也许正是这些起伏的地形，因为它们不再是自然的，因而最好地解释了文化的概念。纪念碑谷：成块的语言突然升起，然后屈服于无可抗拒的侵蚀及数千年的沉降作用，其横向深度来自磨损［意义（meaning）产生于词语的侵蚀，意指（significations）出自符号的侵蚀］，像所有文化那样，注定成为今日的自然公园。

盐湖城：世界谱系档案的集合，它置身于沙漠洞穴的深处，由那些摩门教徒所管理，他们是生活奢靡的清教徒征服者，而在旁边，就是大盐湖沙漠洁白无瑕的地表上的博内维尔赛道（Bonneville track）。原型车在其上跑出了世界上最高的速度。父系社会的诞生如同时间的深度，而声音的速度则好像纯粹的表面性。

阿拉莫哥多：第一颗原子弹测试以白沙地（White Sands）为背景①，这背景的幕布由淡蓝色的群山和连绵数百英里的白沙构成——那颗炸弹人造的让人炫目的光芒与地面的炫目的光线形成了对比。

托利谷：索克研究所（Salk Institute），DNA 和所有诺贝尔生物学奖得主的圣殿。在那里，建筑模仿的是米诺斯王宫（the palace of Minos）的风格②，由白色大理石堆砌而成，面朝浩渺的太平洋，在这建筑之中，人们正

---

① 阿拉莫哥多（Alamogordo）：新墨西哥州南部城市，1945 年 7 月 16 日世界第一颗原子弹在此地的白沙地导弹试验场（White Sands Missle Range）试爆成功。

② 米诺斯王宫（the palace of Minos）：又称米诺斯迷宫。据希腊神话，因米诺斯之妻帕西法厄与公牛交合生下牛首人身怪米诺陶（Minotaur），故米诺斯将其关进代达罗斯建造的迷宫之中。而帕西法厄与公牛的交合与索克研究所的科学家们探讨的生物科学有相关之处，且索克的建筑风格与希腊宫殿相似，或因此故鲍德里亚有此联想。

制定着所有未来的生物学的戒律……

比别处更令人惊奇的场所，虚构（fiction）成为现实的圣地。在它地面的不曾受损的地质学的庄严和一种复杂的、细胞核的、轨函数的，计算机技术的巧妙结合中，成为一个崇高的、具有治外法权（extraterritoriality）的超政治的场所。

我寻找的是星体的美国[①]，是可以在高速公路上享有无用却绝对的自由的美国，而从来不是社会和文化的美国，是拥有沙漠速度、汽车旅馆和矿物地表的美国，而从来不是习俗和精神深度的美国。在电影剧情的速度中，在电视冷漠的反光中，在穿越虚空日夜放映的影片中，在符号、影像、面孔和行路仪式那神奇地不具备任何情感的连续中，我寻找着它。所有这一切最接近核子的和去核的宇宙，它实际上是我们自己的宇宙，直至欧洲的村舍。

我寻找着这个社会的过去和未来的灾难，在地质学中，在深度的翻转中——见证这一深度的，是纹路丛生的空间，是盐和石头的地貌，是化石河流蜿蜒而下的峡谷，是侵蚀和地质缓慢形成的远古深渊，我甚至在大都

---

① 星体的美国（astral America）：原文为"l'Amérique sidérale"，鲍德里亚在此将美国视作与地球不同的另一个星球。

市的垂直性中去寻找它。

这种核子形式，这种未来的灾变，凡此种种，我在巴黎时就已了然于心。但是为了理解它，必须采取旅行的形式，以实现被维利里奥（Paul Virilio）称作"消失的美学"的东西。

因为，一目了然，精神沙漠的形式得到了拓展，这是社会沙漠化的提纯形式。疏远（Disaffection）在速度的匮乏中找到了它的纯粹形式。社会沙漠化或去核化所具有的冷冰冰的、死气沉沉的东西在这里，在沙漠的高温中，又找回了它的沉思形式。超政治在这里，在沙漠的广度和地质的反讽中，发现了它那具有创生性的精神空间。我们这个隐秘的、反社会的、肤浅的世界中的非人性，在这里，发现了它的美学形式和沉醉形式（ecstatic form）。因为沙漠只不过是对文化的一种沉醉的批评，是一种消失的沉醉形式。

沙漠之所以庄严，是因为在干涸状态下，它们是对地球表面、对我们的文明化了的情绪的否定。沙漠是情绪和液体变得稀有的地方，因为这里的空气是如此纯净，恒星的影响从灿烂的星座直接倾泻而下。而为了让某个比人类学的前奏更为伟大的前奏得以显露，甚至需要灭绝沙漠里的印第安人：某种矿物学，某种地质学，某种恒星性，某种非人道的事实性，某种驱逐文化的人为的顾虑的干涸，某种在其他任何地方都不存在的寂静。

沙漠的寂静也是一种可见之物。它由视野的开阔而造成，这视野无法找到反射自身的场所。在崇山峻岭之中不可能享有寂静，因为群山会通过起伏的地势发出吼叫声。为了拥有寂静，甚至连时间也不得不保持一种水平状态，在未来也不会有时间的回声，有的只是地质层之间相互的滑动，所发出的只是某种化石的喧哗声。

沙漠：非人类智慧明亮的、化石般的网络，某种彻底冷漠的网络——不仅仅是天空的冷漠，也是地质起伏波动的冷漠，唯有空间和时间的形而上激情在此结晶。欲望的条件在这里每天都被颠覆，而夜晚则将它们毁灭。但是，请等待黎明到来的时刻，那一刻，化石的嘈杂声会苏醒，动物般的寂静也会苏醒。

速度创造了纯粹的物体，它自身就是个纯粹的物，因为它抹去了地面和疆域的参照点，因为它溯时间之流而上而取消了时间自身，因为它比自己的动因走得更快，通过回溯动因而毁灭了它。速度是结果对原因的胜利，是瞬时性对作为深度的时间的胜利，是表面和纯粹客体性对欲望的深度的胜利。速度创造了一个起始空间，这一空间可能意味着死亡，而它唯一的法则是抹去踪迹。这是遗忘对记忆的胜利，是未开化的、失去记忆的迷醉。

沙漠纯粹的几何学中某种纯粹物体的表面性和可逆性。与其相似，驾驶汽车也只是通过排出尾气创造了事物的某种不可见性、透明度或横向性。这是一种通过形式的衰减实现的慢性自杀，它们消失的形式令人愉快。速度不是植物性的东西。它更接近于矿物，更接近于水晶的折光，而且它已经成为时间灾变和衰竭之场所。但或许它的魔力只不过是虚空的魔力。因此这里没有诱惑，因为诱惑需要秘密。速度只是让我们进入虚空的仪式：对隐藏于加强的移动性之下的某种回归不动的静止的形式的怀念。近似于对几何学中的活跃形式的怀念。

尽管如此，在这个国度，存在着一种强烈的对比：核子宇宙日益增强的抽象性和一种原初的、出自内心的、不受控制的生命力之间的对比。这生命力并不来自其根基的牢固，而是来自去根基化，一种新陈代谢的生命力，不仅存在于性之中，也存在于工作、身体或买卖之中。归根到底，因其空间，因其精湛的技术，因其粗鲁的良知，包括其所开启的仿真（simulation）的空间，美国是现存唯一的原始社会。而且，迷人之处，在于将其当作一个未来的原始社会，当作一个复杂的、杂交的、最拥挤的社会，当作一个充满残暴的然而因表面的多样性而显得美丽的仪式的社会，当作作为某个无法预知结果的完整的元社会事实的社会来游历。这个社会的内在性让我们心醉神迷，但因没有过去而无法被思考，因此从根本上说是原始的……它的原始性已经渗透到某个宇宙的夸张的、非人类的特性中，这个宇宙逃离了我们，也远远超越了自己的道德、社会或者生态学的理性。

只有清教徒才能发明和发展这种生态和生物的道德观念，这是关乎保护的道德，因而也是关乎歧视的道德，具有深刻的种族主义特征。一切都成了被过度保护的自然保护区，如此受保护，导致现在人们开始谈论优诗美地（Yosemite）的去自然化，好让它回归大自然，正如菲律宾的塔萨代人（Tasaday）所经历的事情那样。① 这是在领土恰恰不复存在的地方，对根基的清教徒式的顽念。这是当一切都发生于星空般的冷漠之中时，对居所、对接触的顽念。

一旦人造天堂达到一种整体的（非）文化的庄严，在其平淡乏味之中，就会出现一种奇迹。在美国，即使在平淡乏味的郊区和"时髦城镇"，空间也给予了其某种宏伟感。沙漠无处不在，将一切从无意义中拯救了出来。在沙漠里，汽车、冰块和威士忌的奇迹每天都在再现：一个混合着沙漠的致命性与惬意生活的奇观。猥亵的奇

---

① 1971 年，菲律宾政府有官员称在棉兰老岛发现由 26 个人组成的石器时代的原始部落塔萨代人（Tasaday），引起轰动，政府因此以保护该部落为名，将当地划为保护区并不允许外人进入。但后来人们却发现他们只是受人指使扮演原始部落而已。

迹，纯粹的美国式奇迹：完全不受约束的奇迹，空间中一切功能的透明化的奇迹，但空间本身却不可化解地保持在自身的广延之中，只能通过速度来像驱魔一样将其祛除。

意大利式奇迹：这是舞台的奇迹。

美国式奇迹：这是猥亵物的奇迹。

感官之淫荡与无意义之沙漠之间的对比。

有魔力的，是地质变质的形式。不是长满树木和植被的森林，而是石化的、矿物化的森林。这是盐的沙漠，比雪还白，比海还平。在没有任何设计、没有任何设想的地方，显现的却是不朽性、几何学和建筑学的效果。峡谷地（Canyonsland），裂口山（Split Mountain）。或者相反：泥巴丘陵（Mud Hills）没有起伏、没有固定形状的地形，古老海床月球般的、肉感的、化石化的地势，线条弯曲犹如单调的波浪。白沙地（White Sands）白色的汹涌的波涛……需要借助各个元素的这种超现实性，来消解自然的秀美，正如需要借助速度的形而上学，来消解旅程中自然的秀美。

事实上，某种无目的的旅行，因而也就是没有尽头的旅行的概念对我来说是逐渐形成的。我拒绝自然景观游（在灼热的阳光下，只有它们的抽象性被留存了下来）。对纯粹的旅行来说，没什么比观光游览或休闲旅行更陌生的事物了。这就是为什么旅行在沙漠广袤的平庸中最容易实现，或者在同样沙漠般的大都市的平庸中也最易实现。大都市从来就没有被当成娱乐或文化场所，而是从电视的角度，被视作舞台布景，当作电影脚本。这就是为什么旅行在极度高温中最容易实现，它成了身体的去领土化的享乐形式。高温下分子的加速运动导致了感觉的不易察觉的衰退。

重要的是对旅行穿越的空间的不道德性（immorality）的探索，而且其重要性远远超过对当地风俗习惯的探索。唯有这种不道德性，纯粹的距离，以及对社会性的摆脱才是重要的。在这里，在这个最为道德的社会，空间确确实实是不道德的。在这里，在这个最墨守成规的社会，各个维度都是不道德的。正是这种不道德性使距离变得轻松，使旅程变得无限，是它消除了肌肉的疲惫。

驾驶汽车是健忘症的一种引人入胜的形式。一切都有待发现，一切都有待抹除。当然，这其中有沙漠和炫目的加利福尼亚带来的最初的震惊，但当震惊过后，旅程的第二个耀眼之处便开始了，那就是过度的距离，不可避免的距离，没有特征的面孔和距离的无限性，或者某些神奇的地质构造，后者最终见证的不是任何人的意志，却又完好无损地保留了那种剧变的形象。这种移动摄影也不允许有例外：当它遭遇一张熟识的面孔，一处熟悉的风景，或任意一种解读时，魔力就被打破：消失活动的健忘的、禁欲的、渐近的魔力向世俗的情感和符号学屈服了。

这一类型的旅行有其独特的事件或神经分布，也就是某种特殊的疲劳类型。就像一种肌肉的纤维性颤动，肌肉被过多的热量和速度，被过多看到、读到、经历、遗忘的事物条纹化了。身体厌倦了空洞的符号、功能性的姿势、天空令人目眩的光亮和梦游般的距离，它的去纤维性颤动变得非常缓慢。随着文化——我们的文化——变得越来越稀薄，事物突然变得轻盈起来。美国人发明的这种文明的幽灵（光谱）形式，这一昙花一现、几乎就要消失的形式，突然表现得像是最适合我们未来生活的仅有的可能性的形式。这一支配美国西部的形式，无疑也是支配着整个美国文化的形式，是一种地震般的形式：分形的、间质性的文化，诞生自旧世界的裂缝，触觉的、易碎的、移动的、表面的文化——驾驶通行时必须遵循同样的规则，以把握其关键：地震式的滑动，软技术。

这一旅行唯一的问题是：在对意义的根除中，我们能走多远？在无参照物可循的沙漠形式中，我们能向前走多远而不崩溃？理论问题在此具体体现为旅行的客观条件，这一旅行不再是旅行，而是具有了某个基本原则：这就是不归点原则（the point of no return）。一切问题的关键就在这里。决定性的时刻是突然发现某个事实的瞬间，这一事实是：旅行没有终点，而且已不存在任何理由让旅行结束。超越某个点，变化着的就是运动自身了。依靠自身意志穿越空间的运动转而被空间自身所吸收——这是阻力的终结，也是旅行场景自身的终结（恰如喷气发动机不再是穿透空间的能量，而是通过在它前面制造真空来推进自己，而不是按照传统的模式，利用空气阻力来支撑自身）。就这样，抵达那个离心的、偏心的点，驾车通行在此生产出真空，将你吸入其间。这个眩晕的时刻同样是潜在的崩溃的时刻。这一切与其说是伴随距离和高温而产生的疲惫所致，由在空间中可见的沙漠里前进所致，不如说是由在时间的沙漠中不可逆转的前进所致。

　　明日是你余生的第一天。①

---

　　①　这句话或来自英国迷幻民谣歌手 Tim Hollier（1947—2017）于1971年发行的专辑《天帆》（Skysail）的同名歌曲。

图 3　纽约街头

纽　约

　　作为沉默的大多数人中的一员，作为"命定的策略"①的航空传教士，猫一样轻盈地从一个机场跳到另一个机场。现在，是新罕布什尔（New Hampshire）火焰般的森林，是新英格兰之镜中某个转瞬即逝的倒影。昨天，还是摩天大楼垂直的温柔。明日，将会是名字极其动听的明尼阿波利斯（Minneapolis），一长串轻飘飘的元音的连读，半希腊语，半印第安夏延语，令人想起一种放射性的几何图样，在冰川的边缘，在有人烟的世界的尽头……谈论着大众的沉默和历史的终结，看一眼浩瀚、闪烁的湖水。一阵强风掠过湖面，向东吹去，那里，夜幕正在降临。飞机像风一样安静，在宾馆的玻璃窗后飞过，而后第一批广告开始慢慢在城市上空转动起来。

　　美国是多么神奇的地方！周围，是小阳春，它的温暖预示着雪即将降下。然而，在这个落基山边缘的希腊

---

① 《命定的策略》（Les Stratégies fatales），为鲍德里亚于1983年出版的著作。因此此处其自称为"命定策略"的航空传教士。

图 4 "海军准将"酒吧

城邦般的乌托邦，那一万个湖泊在哪里？[①] 明尼阿波利斯，明尼阿波利斯！而在威斯康辛小阳春贵族式的优雅和女性般的温柔的后面，明尼阿玻利斯其实只是个没有阳光的乡村集聚地，只能在其储粮的筒仓和猎场之中，等待自己引以为豪的冬天和寒冷。

但是，在这个美国内地的低地，有家名为"海军准将"的酒吧，它有着世界上最漂亮的装饰艺术，据说作家菲兹杰拉德（Fitzgerald）曾每晚都到这里一醉方休。我同样也在这里开怀畅饮。明天，我将被飞机直接运送

---

① 明尼阿波利斯（Minneapolis），意为"湖城"；其名称的构成中，minne 为印第安达科他语"水"，鲍德里亚以为是印第安夏延语，polis 为希腊语"城市"，故鲍德里亚又称其为希腊城邦。

至另一端，光亮的、表面的、人种混杂的、美学的、支配性的另一端，这个城市同时继承了所有的城市，包括雅典（Athens）、亚历山大（Alexandria）、波斯波利斯（Persepolis）。它就是：纽约。

纽 约

警笛声的数量增加了，昼夜不息。汽车的车速更快，广告更为暴力。卖淫无处不在，如同电灯的光线一样。还有赌博，而所有赌博的强度都在加大。每当人们接近世界中心时，情况总是如此。但人们在微笑，他们微笑的次数甚至越来越多，尽管他们从来不是对着他人微笑，而总是对着他们自己微笑。

面孔差异惊人，各具特色，它们都紧张地趋向一种不可思议的表情。古老文化中由年迈或死亡赋予的面具，已经戴在这里二十岁，甚至十二岁的年轻人脸上。而这就和这座城市一样。别的城市在很多个世纪中逐渐获得的美丽，这个城市在五十年内就已经实现了。

烟囱林立，让人想起沐浴后的女孩们拧干头发的情景。非洲黑人式的发型或者前拉斐尔派发型。既平淡无奇，又种族多样。法老之城，到处都是方尖碑或金字塔的尖顶。中央公园周围的高楼大厦像飞扶壁，巨大的公园因此看起来像个空中花园。

这里飘着的不是朵朵球状的白云，而是人的一个个大脑。云朵漂浮在城市上空，像被风吹动的大脑半球。而人们的脑袋里布满卷云，云从他们的眼睛中飘出，仿佛海绵状的蒸气，从被炎热的雨滴打得碎裂的地面升起。在天上，是云朵的性的孤独，在地上，是人的语言的孤独。

在这里，大街上独自思考、独自歌唱、独自吃饭、独自说话的人的数量令人震惊。可是，他们并没有彼此相加。恰恰相反，他们彼此相减，而他们之间的相似性又是不确定的。

然而有一种独一无二的孤独：大庭广众下准备进餐的人的孤独，在一堵墙边，或在他的汽车引擎盖上，或靠着一个栅栏，只有自己一个人独自进餐。在这里，到处可见这种场面，这是世界上最悲伤的场景。比贫穷更悲伤，比乞丐更悲伤的，是那个当众独自吃饭的人。没什么比这更与人或野兽的法则相抵触，因为动物总是以彼此分享或争夺食物为荣。那个独自进食的人已经死了（但独自喝酒的人却不是，为什么呢？）。

为什么人们要住在纽约？他们之间没有任何联系，除了某种因纯粹的混杂而产生的内在电流。一种彼此接近的奇妙感觉，和受某一人工向心性（artificial centrality）吸引的奇妙感觉。这就是使得它成为某个自我吸引的宇宙的原因，没有任何理由从此地逃离。没有任何人性的理由让人待在这里，而只有对混杂状态的独一无二的心醉神迷。

纽约黑人女性和波多黎各女人的美丽。① 除了种族的混杂产生的性刺激之外，不得不说，黑色这一暗肤色种族的色素，就像一种自然妆容，受人工妆容的激发，也构成了一种美——不是性感的美，而是动物性的和崇高的美——，这种美绝望地缺失于苍白的脸上。白色仿佛是身体装饰的弱化，一种中性，并可能由此占有了语词全部的众所周知的权力，但它归根到底永远无法拥有人工性所具有的隐秘的和仪式的力量。

在纽约，有这种双重的奇迹：每幢伟大的建筑都统治着或曾一度统治这座城市——每个民族都统治着或曾一度统治这个城市，以其特有的方式。在这里，混杂让城市的每个组成部分都光芒四射，而在别的地方，混杂则趋向于消除差异。蒙特利尔有所有这些元素——多种多样的民族、各种各样的建筑、北美式的空间——，却没有美国城市的光芒和激烈。

云破坏了我们欧洲的天空。与北美辽阔的天空和天

---

① 波多黎各位于加勒比海，为美国自治邦，其人口中除白人和黑人外，有很多混血人种，故鲍德里亚有此说。

空中大块的乌云相比，我们那布满小球状云朵的狭小天空，我们那微小的小球状的云团，正如我们小球状的思想的图景，从来就不是空间的思想……在巴黎，天空从来不会起飞，它不会翱翔，它嵌在病态的建筑的背景中。建筑物在彼此间投下阴影，仿佛是一小片私有财产，而没有成为反射彼此的令人目眩的镜面，正如纽约庞大的资本……这通过天空就能看得出来：欧洲从来都不是一块大陆。而一踏上北美，你就会感觉到一个完整无缺的大陆的存在——而在这里，空间就是思想本身。

与美国的"市区"（downtowns）和摩天大楼群相比，法国的拉德芳斯区（la Défense）因为将其高楼大厦硬塞进在某个意大利风格的背景中，紧紧围在某个环城大道圈定的封闭的剧场内，因而丧失了垂直度和大尺寸在建筑学上的有益之处。从某种程度上说，这是个法国式的公园：用一条带子围着的一束高楼大厦。这与某种可能性背道而驰，即这些怪物样的高楼大厦可能会无限地产生其他建筑，而在通过这种竞争而变得富有戏剧性的空间中，这些怪物相互对抗（纽约、芝加哥、休斯敦、西雅图、多伦多）。在这里，诞生的是纯粹的建筑物，这是逃脱建筑师控制的建筑物，它从根本上明确否定了城市及其用途，否定了集体和个人利益，固守它自己的疯狂，也许除了文艺复兴时期的城市的傲慢自大之外，没有任何对等之物。

不，建筑不应该被赋予人性。而反建筑（Anti-
architecture），真正的反建筑，不是亚利桑那的雅高山地
（Arcosanti）的建筑①，在沙漠中心，它聚集了所有的软
技术。不是，野蛮的、非人性的反建筑，超越人类的反
建筑在这里，在纽约，独自形成，它根本不考虑居住的
环境、舒适度或理想的生态学。它玩起了硬科技，夸大
了所有维度，以天堂和地狱为筹码……生态建筑（Eco-
architecture），正如生态社会（Eco-society）一样，是晚期
罗马帝国的温柔的地狱。

现代的建筑拆除活动真是个奇迹。这是一种和火箭
发射截然相反的景观。一幢二十层的大楼整个地垂直滑
向地面的中心。它笔直地崩塌，却没有失去垂直的仪态，
它就像一个裁缝的假人从支架上跌落下来，而它在地面
上的自己的表面吸收了它的瓦砾。这是现代的一种神奇
的艺术，可以和我们童年时代的焰火相媲美。

---

① Arcosanti，位于亚利桑那索诺拉沙漠，为美籍意大利建筑师保
罗·索莱里（Paola Soleri，1919—2013）于20世纪70年代设
计建成的混凝土建筑群落，不通汽车，使用太阳能等，被认
为是未来城市的实验室。他把建筑学（Architecture）和生态学
（Ecology）合并为"Arology"，提出"生态建筑学"。或因此鲍
德里亚称其设计的生态建筑与罗马帝国相关联。

有人说：在欧洲，街道是活的，在美国，街道却是死的。这是错误的。没什么比纽约的街道更紧张、更令人激动、更生机勃勃、更富于动感的了。人群、交通和广告占据了街道，时而充满暴力，时而漫不经心。数以百万计的人占据了街道，四处游荡，无精打采，暴戾激烈，似乎他们没别的事可做，毫无疑问，除了创造城市的永恒场景以外，他们可能真的无事可做。到处都有音乐，交通繁忙，活动强烈，相对来说迅猛且安静（不是意大利那种神经质的、戏剧性的交通状况）。街巷和林荫大道从来没有清空的时候，但是，城市明晰、通风的几何形状摆脱了欧洲小街小巷组成的交通动脉的拥挤状态。

在欧洲，街道只有在发病时才显得有点生气，例如在很多历史时刻、革命、设置路障时。其他时候，人们一般都匆匆而过，没有人会真的在此滞留（不再有人游荡）。正如欧洲的汽车：没有人住在里面，车子没有足够的空间。城市也没有足够的空间，或者更确切地说，这个空间被誉为是公共的，被打上了公共舞台的所有标记，禁止你穿越这个空间或在其周围徘徊，仿佛它是个沙漠，或是个冷漠的空间。

美国的街道可能没有经历过这些历史时刻，但它始终是骚动不安的、充满活力的、运动的、电影化的，正如这个国家自身的形象。在这里，纯粹历史和政治的舞台无足轻重，而变化的毒性——不管变化是受科技、种族差异还是大众媒体催生——都是巨大的：这是生活方式本身的暴力。

在纽约，城市旋转得如此迅猛，离心力如此之大，以至于仅仅是设想作为夫妻共同生活，或与某人分享生活，就已经是超人类的行径。唯有宗族、帮派、黑手党、隐秘或邪恶的社团和某些共谋者能继续生存下去，但是夫妻则不行。这是"反-方舟"（anti-Ark）。在第一艘方舟中，为了从洪水中拯救物种，动物成双成对地被送上了船。可在这艘神话般的方舟上，每个上船的都形单影只，每一个晚上，都得由他自己去寻找最后的幸存者，举行最后的聚会。

在纽约，疯子们已经被释放出来。他们被丢弃在城市里，同出入这个城市的其他的朋克、瘾君子、吸毒者、酒鬼或穷苦的人相差无几。很难明白，一个如此疯狂的城市为什么要把它的疯子隐藏在阴影里，为什么要把疯狂的某些样本从流通中抽取出来。实际上，疯狂已经以多种方式，夺取了整个城市。

"霹雳舞"（Breakdancing）是一种杂技般的壮举，只有在结束的时候，当舞蹈者凝固于一种懒散、冷漠的姿势时〔手肘支在地上，头无精打采地埋在手掌中，正如人们在伊特鲁里亚的墓穴（Etruscan tombs）中所见的那样］①，人们才会意识到它实际上是一种舞蹈。这种突如其来的静止让人联想起中国京剧。但中国武将是在动作的顶点以一个英雄的姿态停止动作，而霹雳舞者却以一个可笑的姿势，静止于动作的低潮。看他们这样贴着地面，在自己身上做着盘绕和螺旋的动作，简直可以说他们在身体内部为自己挖洞，在洞穴深处，他们摆出了死亡的讽刺、慵懒的姿势。

我从未相信，纽约的马拉松竟会让人落泪。这是一个世界末日式的景观。我们能够像谈论自愿的奴役那样，谈论自愿的受难吗？在倾盆大雨中，在直升机下，在掌声中，他们或者戴着铝箔纸做的风帽，斜眼看着跑表，或者赤裸着胸脯，两眼翻白，他们都在寻找死亡，那种因精疲力竭导致的死亡，这是约两千年前，第一个跑马拉松的人的命运。不要忘了，是他给雅典带去了胜利的消息。他们可能也同样梦想着传递一个胜利的消息，但是他们人数太多，因此他们的消息已不再有任何意义：甚至他们经过努力抵达终点的消息，某个超越人类承受范围的、徒劳无益的努力带来的不甚明了的消息。他们共同带来的，更恰当地说可能是某个关于人类灾难的消

---

① 伊特鲁里亚（Etruscan）位于意大利中西部，公元前6世纪前后曾创造出灿烂的文明，其墓室壁画多描绘日常生活，有舞蹈等场面，人物姿态虽多姿多彩，但大都较为生硬。

息，因为在终点线上，随着时间的推移，我们可以看到人类的衰退，最先到达的跑步者还身形健美、充满斗志，随后是"劫后余生者"，几乎是被他们的朋友架着到达终点线的，或者是残疾人，坐在轮椅上完成了全程。17000人参加了这场赛跑，让人不禁想到了真正的马拉松战役，那时参加战斗的人数甚至都没有达到17000人。他们有17000人，每个人都孤独地奔跑着，甚至没有一种胜利的精神，只是为了感觉到自己的存在。马拉松战役中那个希腊人断气时喘息着说"我们赢了！"纽约的筋疲力尽的马拉松赛跑者，当他瘫倒在中央公园的草地上时，叹着气说的是"我做到了！"（I did it!）。

图 5　纽约马拉松

我做到了！

这是广告活动和自闭症表演的一种新形式的口号，一种纯粹和空虚的形式，是对自我的一种挑战，它取代了竞赛、努力和成功带来的普罗米修斯式的狂喜。

纽约马拉松已成为某个国际性符号，象征着这种拜物教的表演，象征着对虚无的胜利的狂热，象征着对无结果的壮举的得意。

我跑了纽约马拉松："我做到了！"
我征服了安纳普尔纳峰（Annapurna）："我做到了！"①
登月事件具有同样的性质："我们做到了！"

实际上，与其说这是个令人惊讶的事件，不如说这是进步和科学发展进程中被预先安排好的事件。必须这样做。于是人们这样做了。但是，这一事件没有再推进人们对空间的千年梦想，从某种意义上说，它耗尽了这一梦想。

同样的徒劳感存在于实施任何计划时，也存在于一

---

① 安纳普尔纳峰（Annapurna）属于喜马拉雅山脉，位于尼泊尔中部，海拔 8091 米，为世界第十高峰。

切只为证明自己有能力这样做的事情中：生孩子，爬山，性征服，自杀。

马拉松是一种演示性的自杀形式，一种广告式的自杀形式：这种跑步是为了表明自己有能力去超越自我的极限，为了做出这个证明……证明什么呢？证明有能力抵达终点。涂鸦也是如此，它们诉说的只是：我是某某人，我存在着！它们是对存在的免费广告！

有必要不断地证明自己活着吗？这是虚弱的奇怪的符号，是一种新的狂热的预兆的符号，这是无面孔的表演的狂热，这是没完没了的确证的狂热。

神秘运输公司

正好在一场降雪之后，一辆镀铬的闪闪发光的青绿色卡车在晨曦中开过第七大道。在它的车身上，用金色的金属字体标着这样的文字：神秘运输（Mystic Transportation）。①

这代表了整个纽约和它有关颓废的神秘观点：这里有所有的特殊效果，从垂直的崇高性到地上的腐化堕落，有所有种族和帝国混杂而生的特殊效果，这是城市的第

---

① 即以"神秘"为名的运输公司。

四维度。

　　未来，城市将向广延发展并且非都市化（如洛杉矶），之后的未来，它们将自我埋葬，甚至连名字也不会有。一切都将变成由人造的光线和能量所抚慰的下层结构（infrastructure）。明亮辉煌的上层建筑（superstructure）、疯狂的垂直性将会消失。纽约是这种巴洛克式的垂直性，伴随这种离心的偏心性的最后的过剩之后而来的，将会是水平性的分解，和地下的内爆。

　　由于其全部人口之间不可思议的共谋，纽约将自己的灾难搬入了剧院。但这并不是颓废的效应，而是它自己的力量的效应，此外它威胁不了任何事物——因为威胁根本不存在。它的密度，它表面的电流排除了战争的可能性。每天早晨重新开始的生活是一种奇迹，因为前一夜有那么多的能量被消耗。它的电压像一个电流的穹顶一般，保护它免受一切外来的破坏。尽管不是如1976年的停电事件那样的内部事故，但这些事件的规模令它们成为世界性事件，进一步增强了城市的荣耀。这种向心性和离心率只能带给它关于自身终结的妄想，而纽约的"舞台"已将这一妄想从美学上重新写入其疯狂中，写入其暴力的表现主义中，与此同时，在垂直性的技术癫狂中，在平庸性的加速中，在各个面孔幸福或不幸的生机中，在人类对纯粹的流通的献祭的傲慢中，整个城市都在共同酝酿着这一妄想。

没有人会看你一眼，每个人都陷入自己那无个性的角色的强烈的紧张之中。纽约没有警察——在别的地方，警察的在场是为了赋予城市以一种都市的、现代的气氛，这些城市仍然是半乡村的（巴黎就是一个很好的例子）。在这里，都市化的程度如此之高，以至于没有必要再表达它，或赋予它一种政治特征。另外，纽约已不再是个政治城市，很少看到这个或那个意识形态团体的游行示威，即使有，也总是有种可笑的特征（族群是通过节日和体现他们的在场的种族表演来表达他们自己的）。纽约的暴力不是社会关系的暴力，而是所有关系的暴力，它是指数函数式的。作为表达方式的性本身从某种意义上说已经过时——即使它到处在展出，它也已经不再有时间在人际关系和恋爱关系中得到实现，它变成气态，进入到每个瞬间的混杂之中，进入到更为短暂的诸多接触之中。在纽约，人们会重新找到某种光荣感，在其中，你会觉得自己戴上了所有人的能量的光环——这不是欧洲那种有关变化的凄凉的景观，而是有关突变的美学形式。

在欧洲，我们拥有思考事物、分析事物和反思事物的艺术。没有人会质疑我们这种历史的敏锐感和概念的想象力，甚至大西洋彼岸的思想家也对此艳羡不已。但是，振聋发聩的真理，当下的神奇效应在太平洋沿岸，或在曼哈顿的范围里。不得不说，纽约和洛杉矶是世界的中心，即使这个观点中有某些既让人兴奋又让人扫兴的东西。在愚蠢和突变的特征方面，在天真的过度和社会的、种族的、道德的、形态学的、建筑学的离心性方面，我们都绝望地落后于这个社会。没有人有能力分析它，美国的知识分子尤其没有这个能力，因为他们被隔绝在校园中，他们对周围构建起来的这种具体的、令人难以置信的神话充满了戏剧性的陌生感。

这是个因财富、权力、衰老、冷漠、清教徒主义和心理卫生、贫穷和浪费、技术虚荣心和无用的暴力而完全腐烂的天地，我却无可遏抑地发现它有着世界开端的模样。或许是因为，即使它在支配和剥削着世界，整个世界仍然在继续梦见它。

在一万公尺的高空，以每小时一千公里的速度，我的脚下是格陵兰的浮冰，耳机里是《殷勤的印第安人》(les Indes Galantes)①，屏幕上是凯瑟琳·德纳芙(Catherine Deneuve)，我的膝上睡着一个老男人——犹

---

① 《殷勤的印第安人》(Les Indes Galantes)，法国巴洛克作曲家拉莫(Jean-Philippe Rameau, 1683—1764)于1735年创作的芭蕾歌剧。

太人或亚美尼亚人。"是的，我感觉到了爱情的所有狂暴……"从一个时区到另一个时区，崇高的嗓音这样唱着。在飞机机舱里，人们都在睡觉，速度对爱情的狂暴一无所知。在夜与夜之间，在我们出发的那一夜和我们即将降落的那一夜之间，白天只有四个小时。但这崇高的嗓音，这失眠的嗓音走得更快，它穿越冰冷的、横跨大洋的大气层，沿着女演员长长的睫毛，沿着太阳升起时紫色的地平线，在喷气机温暖的棺材里奔跑，最终因在冰岛附近的海域消逝而终结。

哦，旅程结束了。

图 6　夜间飞跃洛杉矶上空

星体的美国

星体的美国（L'Amérique sidérale/Astral America）。纯粹循环的抒情特质。与欧洲分析性的忧郁恰成对比。来自向量的、信号的、垂直的与空间的直接的星爆。与文化凝视的狂热距离形成对照。

隐喻崩溃的快乐，而在我们那里，我们只是为其服丧。猥亵（obscénité/obscenity）的喜悦，显而易见的猥亵，权力的显而易见，仿真（simulation）的权力。一切与我们失望的童贞，与我们极端的矫揉造作形成对照。

晕厥。这是汽车引起的水平的晕厥，这是飞机引起的海拔高度的晕厥，这是电视引起的电子的晕厥，这是沙漠引起的地质的晕厥，这是大都市引起的立体感的晕厥，这是权力游戏和权力博物馆引起的超政治的晕厥，美国已成为全世界的权力博物馆。

对我来说，不存在有关美国的真相。对于美国人，我仅仅要求他们是美国人。我不要求他们聪明、明智、独特，我只要求他们居住在一个与我的空间没有共同特征的空间，对我来说是最高的星层，最精美的轨道空间。为什么我在法国，在只是向心性的碎片和残余的民族性和本土化之中去让自己去中心化呢？我想远离中心，成为离心的人，但我要在世界中心的某个地方做到这一点。从这个意义上说，最新的快餐店，最平庸的郊区，最没品位的巨大的美国汽车，或最无意义的连环漫画中的游行少女，都比古老欧洲的任何一次文化游行更处于世界的中心。唯有这个国家可以提供这种粗暴的天真的可能性：对于事物、面孔、天空和沙漠，你只要求它们是其所是，"恰好如此"（just as it is）。

美国总是给我一种真正禁欲的感觉。文化、政治以及性都被沙漠的视角统摄，沙漠在这里构成了一种原始场景。在其面前，一切都消失殆尽，因为一种营养缺乏的后续影响，甚至身体也消失了，一切都呈现出一种透明的形式，一种接近消失的轻盈。我周围的一切都具有这种沙漠化的性质。但只有这种极端的实验使人能够通过并产生出我在任何别的地方都无法发现的这种星体性（sidéralité/astral quality）。

美国既不是梦也不是现实，它是一种超真实
（hyperréalité/hyperreality）。而之所以是超真实是因为这
是一个乌托邦，并且是从一开始就被认为像是一个已经
实现了的乌托邦。这里的一切都是真实的，实际的，而
这里的一切却又让人陷入幻想。可能美国的真相只能向
一个欧洲人显现，因为只有他在这里看到了完美的拟
像（simulacre/simulacrum），对一切价值的物质的誊写
和内在性的拟像。美国人完全没有任何仿真的意识。他
们自己就是仿真的最完美的构型，但是他们没有掌握描
述它的语言，因为他们本身就是模型。因此，他们是构
成某个分析现代世界所有可能变体的理想材料。此外，
它与原始社会在其时代的存在毫无二致。同一种神话
的、分析的狂热曾驱使我们关注那些早期的社会，今天，
带着同样的激情和偏见，它又驱使我们向美国的方向
张望。

实际上，正如我所希望的那样，人们在这里不能
与欧洲保持距离，也不能在此获得更为奇特的观点。
当你转过身时，欧洲只是消失了而已。因为问题不在
于对欧洲持一种批判的观点。对此欧洲本身已经做得
很好了，另外，还有什么值得被批评的呢？有哪一样
东西不是已经被批评了上千遍呢？需要做的，只是进
入美国的虚构中，进入作为虚构的美国中。况且，它

正是以此虚构的身份来支配世界的。即使每个细节都无足轻重，美国依然是超越了我们所有人的某种东西……

美国是一幅巨大的全息图，在某种意义上，全部的信息都被包含在每个元素里。看一看沙漠中某个最小的车站，中西部某个小镇的任何一条街道，一个停车场，一幢加利福尼亚的房屋，一家汉堡王快餐店，或者一辆斯第贝克汽车，你就可以把整个美国，南部、北部、东部以及西部都尽收眼底。说它是全息图，是因为它有激光的相干光，简单的元素被同样的光束扫描产生了同质性。从视觉和塑性的视角来看也是如此：事物就像是由一种更加不真实的物质制成的，它们在虚空中旋转、移动，仿佛受一种特殊的光线的影响，仿佛是人们在不知不觉中穿透一层薄膜。沙漠当然如此，但拉斯维加斯、广告也是如此，以及人们的活动、公共关系、日常生活的电子学，所有这些都因某个光的信号的可塑性和简单性而凸显出来。全息图近似幻影，它是一个三维的梦，我们可以像进入某个梦境一般进入其中。一切都依赖于承载着事物的光线的存在，如果它被中断，所有效果都会消散，现实也随之消散。然而，我们的确感觉到，美国是由相似元素之间稀奇古怪的转换制作出来的，而且一切都只系于一束光线，一束激光之上，激光在我们眼前扫描出美国的真实来。在美国，幽灵（spectral）①不是指幻影或者幽灵的舞蹈，而是使光色散的光谱（spectre）。

　　在圣塔巴巴拉（Santa Barbara）芳香四溢的山坡上，所有别墅都像殡仪馆。在栀子花和桉树之间，在丰富的植物品种和单调的人种之间，是已成为现实的乌托邦的不祥的命运。在财富和解放的中心，总是能听到同样的问题："纵欲狂欢之后你干什么？"当一切，包括性、鲜花、生和死的老一套都唾手可得时，还能做什么呢？这是美国的问题，而且通过美国，它已经被变成了全世界的问题。

　　任何寓所都具有某种坟墓的特征，但是在这里，伪造的宁静一样也不缺。绿叶植物令人厌恶地无所不在，像极了死亡的纠缠，玻璃凸窗看起来像白雪公主的玻璃棺材，苍白矮小的花丛像得了硬化症似的成片延伸开来，房屋里面、下面、四周是数不胜数的高科技装置管线，仿佛医院里的重症监护病房，电视机、立体声音响、录像机保障了与外界的交流，小汽车，或好几辆小汽车保障了与丧葬购物中心，超级市场的连接——最后还有妻子和孩子，作为成功的光彩夺目的

---

① 此处应该是作者的文字游戏，因法语中 spectre 既可指幽灵，也可指光谱。

症状……这里的一切都证明死亡最终找到了它的理想家园。

微波炉，垃圾搅碎机，机织割绒地毯的性高潮式的弹性：这种柔和的、海滨浴场风格的，文明的形式不可遏抑地让人想起世界末日。这里所有的活动都带有一种世界末日的秘密色调：这些对拉丁文化或马克思主义偏执成狂的加州学者，这些对贞节或罪恶偏执成狂的各种教派，这些在雾中患了梦游症似的慢跑者，仿佛从柏拉图的洞穴中逃脱的影子，这些从精神病院逃脱的真实的低能者或先天愚型患者（把疯子释放到城市的做法在我看来似乎是时间的终结一个准确无误的信号，是启示录中最后的封印的开启），这些从他们自己身体的荷尔蒙实验室中逃脱的胖子，还有这些石油钻井平台——"石油圣殿"（oil sancturaries）——，后者在夜晚守望着大海，像豪华的赌场，或者外星人的太空船。

令人销魂的超真实主义
令人心醉神迷的禁欲主义
多重处理的移动摄影
交互的多维性
致幻

西部数据

健身公司

无里程限制

零频道

圣塔巴巴拉暧昧的酒吧。打桌球的人红色的背带。福柯、萨特和奥逊·威尔斯[①]，三人都在吧台那边，一起说着话，长相惊人地相似，信念却各不相同。"鸡尾酒＆风景。"暴力的味道，啤酒的怪味。"禁止拉客。"[②]

性，海滩，和山脉。性和海滩，海滩和山脉。山脉和性。一些概念。性和概念。"只是一种生活。"

所有东西都被仿真再现。风景被摄影再现，女人被性的场景再现，思想被文字再现，恐怖主义被时尚和媒体再现，事件被电视再现。事物似乎只能通过这种奇怪

---

①　奥逊·威尔斯（Orson Welles, 1915—1985），美国著名导演，编剧及演员，曾执导《公民凯恩》（1940年）。
②　文中所言福柯等三人应为酒吧里长相像他们的三个客人，"鸡尾酒＆风景"（Cocktails scenery）或为酒吧里广告文字。

的命运而存在。我们会怀疑，世界本身是否只是依照广告存在，而这个广告可能在另一个世界被制作完成。

当唯一的美貌由美容手术创造，当唯一的都市美由绿地手术创造，当唯一的意见由民意调查的美容手术创造……现在，随着对基因的操控，人类的美容手术终于来临了。

有这样一种文化，它既创立了专门的研究所，以便身体能在此互相接触，同时也发明了平底锅①，在锅里，水不会接触锅底，因为锅底的材质如此均一、干燥、人工化，以至于一滴水都不会沾在上面，正如那些在"感觉"和疗伤性的爱之中相互拥抱的身体片刻也不会互相接触一样。人们将此称为界面（interface）或交互作用（interaction）。这已经取代了面对面和行动，而这也被叫作交流（communication）。因为这其中确有"交流"（communique）：神奇之处在于，在一种有距离的沸腾中，平底锅锅底在不接触的情况下会把热量"交流"给水，正如一个身体通过某种分子的毛细作用，在从未诱惑也不扰乱另一个身体的情况下，把它的流质和性欲潜能"交流"给后者。这种分离编码运行得如此之好，使人

① 指不粘锅，1938年美国科学家罗伊·J. 普兰克特（Roy J. Plunkett, 1910—1994）在杜邦公司实验室（DuPont Company's Jackson Laboratory）中发现一种化合物"特氟龙"（Teflon），后用于各种炊具涂层，尤其是平底锅（pan）。

们能够把平底锅的水分开，使平底锅将热量作为某种"消息"传递，或使这样的身体将自己的欲望作为某种消息，作为某个需要解码的流质传递给别的身体。这被叫作信息，它已经渗入一切事物中，像一种恐怖症和躁狂症的主旋律，它既触及了色情关系，也触及了烹调的器具。

在对无菌状态的同一种狂热中：

在盖提博物馆（The Getty Museum），古老的绘画看起来像新的，闪闪发光，似乎经过双氧水的漂白，除去了所有铜绿和龟裂，笼罩在围绕着它们的"庞贝式赝品"（pompeian fake）装饰的图像的人工光泽中。

在费城，有一个名叫"移动"（MOVE）的激进教派，他们有一套奇怪的教规，包括同时禁止尸体解剖的做法和垃圾清理。这个教派被美国警察一网打尽，警察放火烧死了十一个人，还烧毁了附近三十幢房子，而所有这些邻近的房子都是曾要求清除这个教派的邻居的，哦，真是个讽刺！

在这些事情上，人们也同样要使其净化，消除垃圾和龟裂，令事物回复到原初的清洁状态，人们进行整修工作。"保持美国清洁"。①

每个人经过时向你展露的微笑，因人性温暖而触发的下巴的友好收缩。这是交流的永恒微笑，通过这样的

---

① 或指名为"Keep America Clean"的洗手液。

微笑，孩子感受到他人的存在，或者经由这样的微笑对他人的存在进行绝望的省思。这微笑相当于世界上孤独的人类的最初的叫喊。尽管如此，在这里，人们向你微笑，尽管微笑既不是出于礼貌，也不是出于诱惑。微笑只意味着有微笑的需要。这种微笑有点像柴郡猫的露齿而笑①：所有情感都已消失良久后，笑容还浮现在脸上。

任何时刻微笑都随传随到，但却小心翼翼地避免存在，避免暴露自己。笑容背后没有私下的盘算，却把你保持在距离之外。它具有情感的低温保存的性质，此外，死者在殡仪馆里露出的也是这种微笑，因为他始终没有丧失保持联系的期盼，甚至是在彼岸世界。

免疫性的微笑。广告式的微笑："这个国家很棒。我很棒。我们都是超棒的。"这也是里根总统的微笑，这是整个美利坚民族的自我满足感达到顶点的笑容，它正在成为唯一的统治原则。自我预言式的微笑，就像所有的广告符号：请微笑，人们亦将报你以微笑。微笑将展现您的透明，您的天真。如果你没什么可说的，尤其不要隐藏你无话可说的事实，也不要隐藏他人于你无足轻重的事实，那就微笑。让这空虚、这深度的冷漠自发地在您的笑容中流露出来，把这空虚、这冷漠馈赠给他人，用零度的喜悦和愉快照亮你的脸，微笑，微笑……虽然

---

① 英国作家刘易斯·卡罗尔（Lewis Carroll, 1832—1898）的《爱丽丝梦游仙境》（Alice's Adventures in Wonderland, 1865）中的猫，其咧嘴而笑的笑容，在其消失之后，还挂在空中。

没有身份特征，但美国人都有一口令人赞叹的牙齿。

而且微笑的确起了作用。里根因这种微笑获得的共识，要远远超过任何一个肯尼迪式人物因理性或政治才智获得的舆论支持。求助于一种动物般的或婴儿般的纯粹的赞颂胜算更大，所有美国人都会聚在了这种洁牙效应下。从来没有什么观念，甚至独一无二的国民价值观能产生如此的效果。里根的可信性与他的透明度和他的微笑的无用性精确相称。

玩滑板的人带着随身听（walkman），知识分子用他的文字处理器工作，布朗克斯（Bronx）① 的霹雳舞者在罗克西俱乐部（Roxy）② 或别的地方疯狂地旋转，还有慢跑者，健身者：到处都是同样的白色的孤独，到处都是同样的自恋的折射，不管这折射是对身体而言的还是对心理官能而言的。

无论何处，身体的海市蜃楼都显得那么非同寻常。身体是唯一获得关注的对象，但它不是作为快感的源泉，而是在失灵或不理想结果的困扰下，获得狂热关心的对象。因为失灵或不理想结果是死亡的符号和对死亡

---

① Bronx，纽约五个区中最北边的区，居民以非裔和拉丁裔为主。霹雳舞以及嘻哈文化（Hip Hop）即于 20 世纪 70 年代发源于此。

② Roxy 俱乐部，在布朗克斯区，是嘻哈活动的中心，由滚轴溜冰场改成。

的预期，对于死亡，没有人能再赋予它另一种意义，只能作出自己永久的预防。在对身体的无用性的反常确信中，在对其无法重生的完全确信中，身体受到怜爱。然而，快感是身体重生的某种结果，我们想将其囚禁在荷尔蒙的、血管的、饮食的强迫症式平衡中，但身体因快感而超越了这种平衡，超越了这种形式和卫生的驱魔仪式。因此，必须让身体忘记如同现时恩惠的快感，令身体有可能变成其他的形貌，必须让其致力于保存某种乌托邦式的然而无论如何已经丧失了的青春。因为质疑自身存在的身体已经是半死不活，而它的半瑜伽、半入迷的现时的崇拜状态就是一种葬礼般的专注。人们对于活着的身体所接受的照料，预示着它将来在殡仪馆中的妆容，它会有与死亡"连通"（branché/into）的微笑。

因为一切均在于此，在于这个"连通"之中。重点既不是"成为"甚至也不是"拥有"一个身体，而是与自己的身体相"连通"。与性器连通，与自己的欲望连通。与自己的各种功能相连接，正如连接到不同的变能器或录像机屏幕上。"连通"的享乐主义：身体是一个剧本，在这个剧本里，奇特的保健医生的挽歌在无数的再培养、肌肉锻炼、刺激作用和仿真的工作室中传播，它们从威尼斯（Venice）延伸至托盘加峡谷（Tupanga Canyon）①，描述着

---

① Tupanga Canyon，位于洛杉矶西部圣塔·莫妮卡山间，为休闲度假的文艺胜地。而 Venice 为洛杉矶海滨小镇。

一种无性别的集体的执念。

这种执念与另一重执念相应和：与自己的大脑相"连通"存在的执念。人们在他们的文字处理器屏幕上凝视着的东西，就是他们自己的大脑的运作。人们已不再试图从肝脏或腹部，甚至不再从心里或目光中读出点什么，而仅仅试图阅读大脑，希望其中数以十亿计的连接变得可见，并像玩视频游戏那样观看它的展开。所有这些大脑的和电子的附庸风雅都表现得极度矫揉造作——它远不是某种高级人类学的标记，只是某种还原为脊髓的终端赘生物的简易人类学的标记。但是，请别担心，这一切并没有我们想象的那么具有科学性和可操作性。所吸引我们的东西，是大脑及其运作的"景观"。我们盼望看到我们自己思想的展开——而这本身就是种迷信。

因此，大学学者与他的计算机搏斗，不停地校正、修改、精细化，把这一活动变成了一种无止境的精神分析，他存储一切以逃避最后的结局，以推迟死亡的大限以及命定的写作的大限的来临，而这一切全靠与机器之间的一种无休止的"反馈"。这是众所周知的魔法的绝妙工具——事实上，所有的交互作用最终都可归结为与机器之间的无止尽的对话——看看在学校的孩子和他的电脑：你们认为他被教会了交互能力，教会了他向世界敞开心扉了吗？人们仅仅只是成功创造了一种"孩子—机器"（enfant-machine）式的集成电路而已。至于知识分子，他终于找到了某种东西，等同于青少年从立体声和随身听里所获得的：一种思想的景观的去崇高化，他自己的观念的视频信息。

在罗克西俱乐部，隔音台操纵着舞池，正如众多的屏幕操纵着某个无线电导航室，或者如伸向电视演播室的技术人员的工作间。整个大厅是一个荧光四射的环境——点光源照明，频闪闪光灯的效果，跳舞的人身上扫过一道道光束——都与屏幕有着同样的效果。而且那里的所有的人都意识到了这一点。今天，没有哪一种身体的舞台演出艺术，没有哪一种表演可以不经由控制的屏幕——不是为了用距离或镜子的魔力看见和反映自身，不是的：而是作为一种即时的、无深度的折射。无处不在的视频只服务于这个目的：令人心醉神迷的折射的屏幕，它再也没有形象、场景或传统的戏剧性，它完全不是用于游戏或自省，而是用于"将其连通到它自己身上"。如果没有这种循环的连通，如果没有这种短暂的、即时的网络，它是由一个大脑、一个物体、一次事件或一场谈话在连通到它们自己身上时制造出来的网络，如果没有这种永恒的视频，今天没有任何事物有意义。视频阶段已经取代了镜像阶段。①

---

① 鲍德里亚在此处以视频拓展或取代了拉康的镜像阶段，他认为当下主体的建构和认同将不再是通过镜像来完成，而是依靠视频来完成。

这不是自恋，而人们滥用这一术语去描述这种效应是错误的。围绕视频或立体声文化发展起来的，并不是一种自恋的想象，这是一种疯癫的自我指涉效应，这是一种短路，它会立即将同类事物互相连通，因此在同一时刻强调了它表面的强度和深度的无意义。

这是我们时代的特殊效果。对宝丽来的着迷也是如此：几乎同时拥有对象及其影像，仿佛古老的光线物理学或形而上学实现了，在其中，每个对象都分泌出我们可以用肉眼捕捉到的它自身的复本或底片。这是一个梦。这是某个魔法过程的光学物质化。宝丽来照片仿佛是从真实的对象上脱落下来的一层令人陶醉的薄膜。

人们可以拦住一匹发狂的马，却拦不住一个正在慢跑的人。他的唇上泛着白沫，全神贯注于内心的倒计时，全神贯注于他进入反常状态的那一刻，此时千万不要拦住他问时间，他会把你吃掉。他的牙齿里没有嚼子，但他很可能手持哑铃，或甚至在腰带上挂着重物（女孩们在脚踝上戴脚链的时代哪里去了？）。3 世纪的基督教高柱修士（stylite）① 在贫困的生活和傲世独立中所寻求的东

---

① stylite，译为高柱修士或柱头修士，据传为 5 世纪时基督教隐修士西门·斯提莱特（St. Simeon Stylites，390—459）所创立，其长达三十多年坐立在高柱上修行。但此处鲍德里亚称高柱修士为 3 世纪，有误。

西，他在身体肌肉的精疲力竭之中去寻求。他是那些在健身房进行苦修的人的兄弟，那些人用装有镀铬滑轮和可怕的医疗假肢的复杂器械，有意识地令自己疲惫不堪。从操纵中世纪的刑具到流水线劳动的工业动作，再到利用机械假肢对身体再培养的技术，这中间是一脉相承的关系。就像营养学、健身和很多其他事物一样，慢跑是一种新形式的自愿奴役（这同样也是一种新形式的通奸）。

显然，慢跑者才是真正的摩门教圣徒，是某个慢慢来临的世界末日的主角。再没有什么比这样的人更能唤起人们对世界终结的想象：一个男人独自笔直向他前面的海滩跑去，他沉浸于他的随身听的音调中，被封闭在自身能量的孤独献祭里，甚至面对灾难都无动于衷，因为他只期待由自身，由耗尽在他眼里无用的身体的能量，来实现自我毁灭。绝望的原始人自杀时，会去大海游泳，直到筋疲力尽，慢跑者的自杀，是在海滨来来回回地跑动。他目露凶光，满嘴唾沫，不要去阻止他，他可能会对你饱以老拳，或者他会在你面前，继续像个鬼上身的家伙一般蹦蹦跳跳个不停。

唯一可与之相比的痛苦，是在城市中心孤独地站着吃东西的人的痛苦。在纽约，人们能看到这样的情景，这些社交生活的残骸，他们甚至不再躲藏，就在大庭广

众之下狼吞虎咽各种残羹冷炙。但这仍然是都市的、工
业的苦难。而这成千上万个孤独的人，每个人都为自己
奔跑，从不为别人着想，他们脑袋里的立体声流质，从
他们的目光中流淌出来，而这种情景，就是《银翼杀手》
（*Blade Runner*）[1] 的世界，这是"大劫难之后的世界"。
甚至，他们对加州的天然的明亮、对山林大火都无动于
衷，这场大火被热风吹至十英里以外的海上，它的烟雾
包围了近海的石油钻井平台，但他们对这一切都视而不
见，通过一种淋巴的鞭打作用，顽固地向前奔跑，直至
献祭般地精疲力竭，这是一个来世的符号。就像肥胖的
人不能阻止发胖，就像唱片在同一个槽纹里没完没了的
旋转，就像肿瘤细胞增生扩散，就像一切事物都已遗失
令自身停止运转的公式。这里的整个社会，包括它积极
的和生产性的部分，这里所有的人都在向前奔跑，因为
他们已经遗失了停下脚步的公式。

　　所有这些运动服、慢跑运动衣、宽松短裤和肥大的
棉织品，这些"休闲装"（easy clothes）：所有这些，它

---

[1] 《银翼杀手》(*Blade Runner*)，英国导演雷德利·斯科特
（Ridley Scott, 1937—　 ）1983 年执导的科幻电影。该影片改
编自美国科幻小说家菲利普·迪克（Philip K. Dick, 1928—
1982）的《仿生人会梦见电子羊吗》(*Do Androids Dream of
Electric Sheep*, 1968)，而小说的故事即在地球被核战毁灭后的
背景下展开，故鲍德里亚有"这是大劫难之后的世界"的话。

们都是夜间的衣饰，而所有那些悠闲的漫步者和跑步者实际上还没有走出夜晚的世界——由于穿着这些宽松飘逸的衣服，他们的身体就像是漂浮在他们的衣服里面，而他们本人则像是漂浮在他们自己的身体里面。

厌食症患者的文化：这是厌恶、驱逐、人类贫血症的、拒绝的文化。这是一种肥胖、饱和、过剩阶段的特征。

厌食症患者在祛除这种文化时，以富于诗意的方式预告了这一切的来临。他拒绝缺乏感。他说："我什么都不缺，所以我什么都不吃。"而肥胖者正好相反：他拒绝饱足感、充实感。他说："我什么都缺，所以我什么都吃。"厌食症患者通过空腹祛除缺乏感，肥胖者通过过饱祛除饱足感。两者都是顺势疗法的最终解决方法，是根除性的解决方法。

另一种解决办法来自慢跑者，可以说，他把自己呕吐了出来，在跑步过程中，与其说他消耗了能量，不如说他把能量呕吐了出来。他必须达到由疲劳产生的心醉神迷的状态，即机械性灭绝（anéantissement）后的反常状态，正如厌食症患者追求器官灭绝后的反常状态，即空虚的身体的心醉神迷，正如肥胖者追求体积灭绝后的反常状态：即充实的身体的心醉神迷。

最近困扰美国公众舆论的问题：对儿童的性虐待（sexual abuse）。一则法令特别规定，出于对无法控制的

图 7　慢跑者

性虐待的顾虑，在照顾幼童时，必须有两个照看者在场。
与此同时，超市包装袋上必须印上失踪儿童的肖像。

保护一切，检测一切，限定一切——强迫症的社会。

"节约时间。节约能量。节约金钱。拯救我们的灵
魂。"——恐惧症的社会。

"低焦油。低能耗。低卡路里。低性。低速。"——厌
食症的社会。

奇怪的是，在这个一切都非常丰盛的世界，却需要
拯救一切，节约一切。这是一个年轻的、操心保护其美
好未来的社会的强迫症吗？更确切地说，这种印象是预
感到某种威胁而产生的强迫症，因为无根无据，这威胁

显得更加阴险。这就是丰盛所制造的一种缺乏和贫困状态会死灰复燃的幻觉，必须用顺势疗法的规训加以祛除。对于这种禁食，集体的营养学，对于生态的控制，对于这种身体和快感的苦修与禁欲，这一切都没有别的理由。为了祛除因丰盛而过度进食和因噎住而窒息的神灵的报复，整个社会组织了起来。当然，我们当今的根本问题，就是对肥胖症的抵抗。

清点一切，储存一切，记住一切。

于是，大象被封存在液态沥青中，它们的骨头在这种黑色的、矿物的黏性中变成了化石，还有狮子、猛犸象和狼，它们从前曾在洛杉矶的平原上来来往往，是石油层的第一批史前牺牲品——如今，在汉考克公园（Hancock Park）一个史前教育博物馆里，它们接受了第二次防腐处理。① 所有这一切被人们依据道德准则，充满信念地呈现出来——美国人是有信念的人，对一切确信不疑，并试图说服别人相信。他们的真诚的一个方面，是执著于重构某个过去和某种历史，这一历史并不是他们自己的，而且很大程度上是他们摧毁或偷窃的。文艺复兴时期的城堡，变成化石的大象，保护区内的印第安

---

① 指位于汉考克公园（Hancock Park）的拉布雷亚焦油坑博物馆（La Brea Tar Pits and Museum），陈列从附近至今仍活跃的沥青湖中挖掘的猛犸象等变成黑色的骨骼标本。

人，全息摄影图中的红杉，等等。

盐湖城的摩门教徒在他们的电脑里，统计了文明地区（白种人）所有的已知的灵魂，他们的行为，和所有美国人在各地带着他们的传教士精神所经常做的一切并没有什么不同。[①] 对于复活起源来说，永远都不会太晚。这是他们的命运：因为他们不是第一个占有历史的，他们就通过重构令一切事物不朽而拥有了历史（自然界用了上百万年才完成的这种化石作用，现今，他们通过博物馆化，可以在顷刻间达到这种效果）。

但是，美国人对博物馆的观念要比我们宽泛得多。每样东西都值得保护，值得进行防腐处理，值得修复。一切都可以再生，这是拟像的永恒的再生。美国人不仅是传教士，还是再洗礼派教徒：因为错过了原初的洗礼，他们梦想对一切事物进行第二次施洗，而且只赋予这后来的圣事以价值，众所周知，这后来的圣事是第一次的再版，但却"更真实"——这就是对"拟像"的完美定义。所有再洗礼派教徒都是宗派主义者，有时十分暴力，美国人也不能避免。为了在其精确的形式中使事物恢复原状，为了在最后

---

① 摩门教强调家庭及家族价值，故对家谱非常重视，于1894年盐湖城建立了世界最大的家谱图书馆（Family History Library），并在世界各地建有众多分支机构，搜集并储存家谱信息。因为运用计算机技术进行储存，规模非常庞大，所以后文鲍德里亚称其掌握着世界上最大的计算机项目。

审判时呈上它们，他们已做好了摧毁和灭绝的准备——托马斯·闵采尔就是一个再洗礼派教徒。

摩门教徒管理着世界上最大的计算机化的事业项目不是件偶然的事：他们要对全世界所有国家的活着的二十代人的灵魂进行统计，这统计就相当于新的洗礼和灵魂得救的承诺。福音传道已经变成异形和外星人的使命，而传道事业之所以会如此发展（？），要归功于所有最新的记忆存储技术，而这一切之所以成为可能，要归功于信息科学深刻的清教徒主义，信息科学是一种高度加尔文主义的、长老会式的学科，它继承了救赎技术普遍的、科学的刻板性。天主教会反改革的方法，因其天真的圣礼实践，因其宗教仪式，因其更为古老和民众化的信仰，从来就无法与这种现代性竞争。

执行终端

基本灭绝

转移消费

生存问题到处被提上议程，仿佛是出于对生命的某种难解的恶心或对灾难的一种集体渴望（但不应该把这一切看得太认真，这也是一种灾难游戏）。当然，生存的全套甲胄，包括营养学、生态学、对红杉、海豹或人类的保护，都倾向于证实我们活得很好（正如所有想象中的仙境，都倾向于证实真实世界是非常真实的一样）。但这一切并不是那么确定无疑的。因为，不仅活着的事实没有得到过确证，而且这个社会的悖论是，人们甚至不可能在其中再次死去，因为人们已然在其中死亡……这是真正的悬念。这一悬念不仅来自核能，还来自生活的安逸，后者将我们都变成了幸存者。如果核弹落下，我们将既没有死亡的时间，也不会有死亡的意识。而从今往后，在这个超保护的社会，我们不会再有死亡的意识，因为我们已不易察觉地进入了一种太过安逸的生活。

灭绝以一种预告的形式，已经呈现了上述情形。死亡集中营里的囚犯被剥夺的东西，就是掌控他们自己死亡的可能性，是将死亡当作一种游戏、一种赌注、一种献祭的可能性：他们被掠夺了死亡的能力。这是缓慢地、顺势地发生在我们所有人背后的事，原因恰恰是我们自己的制度的发展。爆炸和灭绝（奥斯威辛和广岛）仍然在继续，它们只是采用了一种化脓性的、地方性的形式，但连锁反应仍然在继续推动着通过毗邻产生的增殖，病毒和细菌学的发展的进程。历史的出口，正好是这种连锁反应的开端。

对生存（而不是对活着）的顽强是这种事态的一个症候，而且可能是物种退化最令人忧心的信号。因为如果人们观察这种顽强在当前所呈现的形式，防核辐射避难所，低温保存，强制治疗，人们会明白这正是灭绝的形式。为了避免死亡，人们选择被引渡到某种保护罩中，不管这保护罩是何种模样。从这个意义上说，我们应该将这个事实当作一种令人心安的指标，即民众很快就对核防护用品失去了兴趣（避难所市场已经变成一种纯粹的声誉市场，就像大师画作或豪华游艇市场一样）。因核威胁而烦不胜烦的人们似乎已下定决心，不再向它屈服，让这毁灭的威胁飘浮于空中，或许还隐晦地意识到它不太可能成为现实。这是在顺从的外表下的生命反应的好例子。"如果不得不死，死在露天比死在地下的石棺中更值得。"由此，对生存的勒索终止了，而生活又可以继续了。

核爆炸威胁的宏大剧情，戏剧化的谈判，"星球大战"，所有的人都对如此多的世界末日说感到厌倦，实际上，他们是用一种想象力的缺乏来保护自己不受这些问题的困扰。甚至当有人想用《最后审判日》(*The Last Day*)之类的电影来唤醒这种想象力时，也不起作用，没有什么能让这种场景或这种核猥亵变得可信。在这类微妙的事情上（就像癌症），对死亡的想象会招致致命事件产生的后果。因此，大众对于核受难的沉默的冷漠

（不管它来自核能大国还是反核能运动者），是一个伟大的希望，和一个头等重要的政治事实。

有部科幻小说讲述了这样一个故事，某天早上，在某个山间豪华别墅区中，几名特权者发现自己被一个透明的、无法跨越的障碍物包围，一道一夜之间出现的玻璃墙。从被玻璃笼罩的舒适环境的深处，他们仍然可以隐约看见外面的世界，他们被切断了和这个真实世界的联系，而后者于是突然之间重新变成了理想的世界，但一切都太晚了。这些特权者将像金鱼一样，在他们的玻璃缸里慢慢死去。一些大学校园也给我同样的印象。

人们会迷失在冷杉、田野、河流之间（这是个古老的农场，后来被作为礼物捐赠给了大学），住着人的楼房互相看不见对方，正如生活在其中的人类，这个地方，就是加州大学圣塔克鲁兹分校（Santa Cruz）。这里有点像百慕大三角区（Bermuda Triangle），或者像圣塔巴巴拉：一切都在此消失，一切都被吸收。完全的去中心，完全的社区。在理想的城市之后，是理想的家园。没有什么事物会汇聚在一起，交通、建筑、权威都不会。但突然之间，游行示威也同样变得不可能：在哪里集合呢？游行只能在森林里兜圈子，只有游行者自己才能看到。在加州所有以空间和可爱著称的大学校园中，这一所是最理想化的，最自然化的。它浓缩了所有的美。享有盛名的建筑师们设计了各种建筑，它们围绕卡迈尔（Carmel）和蒙特瑞（Monterey）海湾伸展开来。如果有什么地方能体现未来的社交生活，这里就很好。可是正是因此，这一同时受令人愉悦的植被和大学的独立所保护的自由再度成为了自己的囚徒，被监禁于一种自然和社会的过度保护之中，后者通过给予某个监狱世界同样的痛苦而完成（监狱系统，多亏了它的墙壁，能够在某种条件下，比开放的社会系统更快地走向乌托邦）。在这里，社会已获得解放，世界上还没有其他地方能够像这里一样，人们开设了精神病医院，公共交通是免费的，矛盾的是，这一理想国对自我是再度封闭的，就像是在一堵玻璃墙之后。

这面水晶围墙是一个天堂般的、封闭性的幻象，用利奥塔的话来说是"太平洋之墙"（Mur du Pacifique），它把加州禁锢在自己的至福中。但是，尽管幸福的要求过去常常是海洋一般的、解放一切的，此处它却被包裹在一种胎儿式的宁静中。在这个奇特的、静谧的、长满树木的、和平且友好的共和国里，是否仍然有激情、谋杀和暴力行为？有，但暴力是朝向自我的、反应式的。没有激情犯罪，但有强奸案，或是这样一桩谋杀案，在凶手被发现之前，两年内有十来个妇女被谋杀。胎儿式的暴力，同"自动写作"一样无根无据，而它所展现的与其说是真实的侵犯，不如说是对古老禁忌的怀念。（为什么强奸案随着性解放的比率的增加而增加了？）

这些朝森林开放的男女混居的大学宿舍是多愁善感的，仿佛自然本身可以是友好的、充满母性的，是对性成熟和风俗生态学的保障，仿佛对无论什么样的人类社会，自然都可以投以同情的目光，仿佛一旦走出魔法的残酷世界，人们就能同自然形成一种斯多葛主义（即禁欲主义）以外的关系，这关系不同于斯多葛主义者所定义的关系，即具有无法预见、严厉无情的必要性，需要用一种挑战和一种甚至更大的自由来对抗它。在这里，充满英雄主义的命运的一切迹象都已消失。一切都沉浸在某种同自然、性、疯狂以及历史（从一种重审和修正的马克思主义观点来看）相和解的感伤氛围中。

圣塔克鲁兹，正如当代美国的其他方面一样，这是"狂欢过后的世界"，是社会性和性的痉挛过后的世界。那些狂欢的幸存者们——他们所经历的狂欢有：性、政治暴力、越战、伍德斯托克运动，以及种族和反资本主义斗争，与此同时，还有对金钱的激情，对成功的激情，硬技术，等等，这一切都是整个现代性的狂欢——那些幸存者们到达了这里，在自己的部落中慢跑，他们的部落毗邻硅谷的电子部落。去强度化，去中心化，空调设备，软技术。天堂。然而某种极其微小的改变，或者换句话说，几度的转变，就足以将其想象成地狱。

性领域的突变。狂欢结束了，解放运动结束了，人们不再寻找性，而是开始寻找他们的"性别"（gender），也就是说，既包括其"外貌"（look），也包括其遗传公式。人们不再在欲望和享乐（jouissance）之间摇摆不定，而是在其遗传公式和性别认同（有待发现的）之间进行权衡。这是出现在禁忌的色情文化之后的另一种色情文化（"你做爱的前提条件是什么？""门得上锁，灯得关掉，我的母亲得在另外一个州"），这是一种叩问自身定义的色情文化："我有性别吗？我是什么性别？从根本上来说，性别是必需的吗？性别差异体现在哪里？"解放运动将每个人都置于一种未定义的状态（事情总是如此：一旦被解放，你就会被迫询问你是谁）。在胜利的阶段过后，女性性征的主张已经变得和男性的一样脆弱。没有人知道他的立场。这就是为什么人们做了那么多爱，或者生了那么多孩子：至少在这件事上，还证明需要两个人一起努力，"因此还是存在一种差异"。但是不会长久。已经有"肌肉女"，仅仅通过锻炼阴道肌肉，就能精确地模仿男性的插入，这是一个自我指涉和差异经济学的好例子——至少她发现了自己的种属。

然而更为普遍的问题，是与性别特征的衰落相关联的差异的问题。男性印记正趋向于零度，而女性特征也同样如此。正是在这一形势下，人们看到新的偶像开始涌现，这些偶像重新向未定义发起挑战，玩起了混同性别的游戏。"性别扭曲者"（Gender benders）。既不是男性也不是女性，但也不是同性恋。乔治男孩（Boy George），迈克尔·杰克逊（Michael Jackson），大卫·鲍依（David Bowie）……上一代男主角是体现出性和愉悦的爆炸性的人物，而新偶像则向每个人提出了有关差异的"游戏"及他们自身的未定义的问题。这些偶像是例外。在身份缺失的情况下，他们中大部分人都在寻找一种"性别模型"，一种一般的公式。必须找到一种独特的差别。为什么不在时尚中，或在遗传学中寻找呢？一种服饰的"外貌"，或一种细胞的"外貌"。任何蠢事（idotie）都可以，任何方言（idiome）也都可以。差异问题比享乐问题更为关键。这里涉及的是就此完结的性解放运动（无论如何，这一运动已不再是时尚）的后现代的模态版本，抑或是对自我感知的某种生物社会学上的突变？这一突变以性别优先权消失为基础，而这种优先权曾是整个现代时期的特征。"性别研究：一个新的前沿？"

在极端情况下，将不再有男性和女性，而是一种个体性别的散播，其中每个个体只和他们自身有关，每个个体都将自己当作一个自主的企业来管理。诱惑的终结，差异的终结，向另一种价值体系的滑动。令人诧异的悖论是：性征有可能再次成为一个次要问题，正如它在过去大部分社会中的地位，并且无法与其他更为强大的符号系统（出身、等级、禁欲主义、荣耀、死亡）相提并论。可能会有证据表明，性征归根到底只是众多可能性模式中的一个，而不是最关键的。然而，当今的新模式可能呈现什么特征呢（因为在此期间，其余所有模式都已消失）？人们隐约可见的，是一种性能良好的理想的类型，一种完成基因的自身公式的类型。在商业、感情、公司或愉悦中，每个人都将努力开发自身的最佳程序。人人都有自己的密码，自己的公式。不仅如此，人人还有自己的"外貌"，自己的形象。那么，这是不是就是所谓的基因"外貌"呢？

尔湾（Irvine）：一个新的硅谷。不对外开放的电子工厂，正如集成电路。贡献给离子和电子的沙漠地带，超人类的，与某个非人性化决策相关的地区。讽刺的是，人们正是在这里，在尔湾的山丘中，拍摄了《人猿星球》（*Planet of Apes*）。[①] 然而，草地上的美国松鼠告诉我们一切都很好，告诉我们美国对动物、对自己、对世界其余部分都很友善，告诉我们在每个人心中，都有一只蛰伏的松鼠。沃尔特·迪士尼的全部哲学就是，你在手心里喂这些灰色毛皮的多情可爱的小动物吃食。但我却相信，

---

① 《人猿星球》：1968年上映的由富兰克林·沙夫纳（Franklin J. Schaffner, 1920—1989）执导的科幻电影。

相反，在每只小动物温柔的眼睛背后，隐藏着一个冷酷凶残的生命，带着恐惧正窥视着你……在这块松鼠奔跑的草地上，还立着一块牌子，我不知道是哪个基督教团体的："越南、高棉、黎巴嫩、格林纳达——我们是暴力世界中的一个暴力社会！"

万圣节一点也不有趣。这个讽刺的节日所反映的，更确切地说，是儿童报复成人世界的一种恶魔般的需要。这里有一股邪恶力量，它的威胁笼罩着这个世界，程度相当于它对孩子本身的爱慕。没什么比这种在化装和礼物背后的孩子气的巫术更不健康——人们关了灯，躲藏起来，因为他们害怕骚扰的存在。因此，如果有些人把针或剃须刀的刀片塞进分发给孩子们的苹果或蛋糕中，这绝非偶然。

美国电视节目上的笑声已经取代了古希腊悲剧中的合唱团。笑声是无法逃避的，几乎只有在新闻、股市行情和天气预报中幸免于难。但因为这种痴迷的力量，人们在里根的声音或贝鲁特海军陆战队遇难事件的背后[1]，甚至在广告背后，仍可听到它。这是电影《异形》

---

[1] 贝鲁特海军陆战队遇难事件：1983 年 10 月 23 日清晨，有恐怖分子开着载满炸药的卡车冲入美国海军陆战队军营，爆炸导致 220 名陆战队员死亡，更多的人受伤。

（*Alien*）[1] 中在太空船所有的通道里游荡的怪物。这是一种清教徒文化的讽刺性的兴奋。在别处，人们把笑的关怀交付给观众。在这里，观众的笑声被搬到屏幕上，被融进表演中，发笑的是屏幕，逗乐的是屏幕。留给你的只有沮丧。

电视上的越南（冗言赘语，因为它已经是一场电视里的战争）。美国人用两种基本的武器作战：飞机和信息。也就是说，对敌人的有形的轰炸和对世界其余部分的电子轰炸。这些是与领土无关的武器，而越南人全部的武器，他们全部的战术都来自民族和领土。

这就是为什么说双方都赢得了战争的原因：越南人赢在地面上，美国人赢在电子的心理空间。如果说一方获得了意识形态上和政治上的胜利，另一方则拍摄了《现代启示录》（*Apocalypse Now*）[2]，而且后者在世界上环行了一圈。

美国人无法摆脱的恐惧，就是灯光的熄灭。灯火在屋子里彻夜长明。在高楼大厦里，在空空荡荡的办公室

---

① 《异形》：1979 年上映的由雷德利·斯科特（Ridley Scott，1937— ）导演的科幻电影，异形为外星生物，可致人于死命。1982 年，斯科特还执导了科幻电影《银翼杀手》（Blade Runner）。

② 《现代启示录》：1979 年上映的由弗朗西斯·福特·科波拉（Francis Ford Coppola，1939— ）执导的越战题材电影。

里仍保持灯火通明。高速公路上，在光天化日之下，行驶的汽车都亮着前灯。在加州威尼斯的棕榈大街（Palms Ave），某个晚上七点过后就无人行走的街区，一家卖啤酒的小杂货店让它那橙绿两色的霓虹灯组成的广告牌在虚空中整夜闪烁。更不消说在一整天二十四小时都有节目播出的电视了，在房屋的空房间或无人居住的旅馆房间里，电视常常以一种引起幻觉的方式运转着——如同在波特维尔旅馆（Porterville hotel），窗帘是烂的，水停了，门在拍打着，但是，每个房间的荧光屏上，都有一个播音员在描述着航天飞机起飞的情景。再没有什么比空房间里一台开着的电视机更神秘的了，这比一个自言自语的男人或一个在自己的平底锅前发呆的女人更为奇怪得多。简直像是另一个星球在跟你说话。突然之间，电视揭露了它自己是什么：它是另一个世界的视频，而且它实际上没有对任何人讲话，只是冷淡地传输着它的影像，却对自己的讯息漠不关心（人们很容易想象，人类消失以后，电视仍会运转）。总之，在美国，人们不接受看到处于夜晚或休息的状态，也拒绝看到技术进程的中断。一切都必须永远运转着，人类的人造力量不能暂停，自然循环的间歇必须被消除（季节的更替，昼与夜，热和冷），以让位于一种常常是荒谬的功能性的连续（从根本上说，对介于真和假之间的间歇状态的拒绝是同一种拒绝，而对介于善和恶之间的状态的拒绝也是如此：

一切都很好）。有人以害怕或无法摆脱的恐惧为借口，并且说这种非生产性的花费（dépense improductive）是一种哀悼活动。但是，这种荒谬的活动同样令人赞叹。深夜被照亮的"天际线"（skylines），沙漠中给空空荡荡的汽车旅馆制冷的空调，大白天的人造光，这些事物中都具有既疯狂又令人赞叹的某种东西。一种富有的文明的愚蠢的奢侈，它是不是和原始社会的黑夜中的猎人一样有着对火熄灭的同样的焦虑呢？所有这些事情都有这种东西。但令人震惊的，是对技艺、对能量、对空间的着迷，不仅仅是对自然空间：他们头脑中的空间同样是开阔的。

所有世界强国都曾在某一刻建造过他们的纪念性的大道（allée monumentale），给予一幅帝国的无限性的透视缩略图。但特奥蒂瓦坎的阿兹特克人、国王谷的埃及人或者还有凡尔赛的路易十四，都依据他们自己的建筑学建造了这样的综合体。在这里，在华盛顿，从林肯纪念堂通往国会大厦的巨大的视景是由众多的博物馆构成的，它们鳞次栉比地呈现了我们的整个世界从旧石器时代到太空时代的概貌。这赋予了这一切以一种科幻感，仿佛人们想在此聚拢地球上所有的冒险和尘世文化的符号，好让外星人一探究竟。因此，正好矗立在旁边并隐蔽地监视着这一切的白宫，它自身也显得像个博物馆，世界强国博物馆，距离感和某种预防疾病的洁白是它的装饰。

没什么能与在夜里飞越洛杉矶相提并论。一种明亮的、几何学的、灿烂耀眼的辽阔之物，一望无际，从云层的裂隙中突然显现。只有耶罗尼米斯·博斯（Hieronymus Bosch/Jérôme Bosch）画的《地狱》能给人这种炽烈的火焰的印象。①荧光让所有的对角线变得模糊：维尔希尔大道、林肯大道、日落大道、圣塔莫尼卡大道。飞越圣费尔南多谷地时，在所有的方向上，都已经是没有尽头的水平线。然而，越过山脉之后，跃入眼帘的是一个比它大十倍的城市。可能目光从来不曾有机会遭遇如此的广度，甚至连大海都不会给人这种感受，因为它没有从几何学上予以划分。欧洲城市不规则的、分散的闪光也无法产生平行线、没影点和空间透视。它们是中世纪的城市。这个城市在夜里浓缩了人际关系网络的整个未来几何学，在抽象中若隐若现，在延展中闪闪发光，在无限的再生产中变得像星空一般。夜里的穆赫兰道（Mulholland Drive）是某个外星人对地球这颗行星的观察点，或者相反，这是某个地球人对银河系大都

---

① 耶罗尼米斯·博斯（Jérôme Bosch，又名 Hieronymus Bosch，1450—1516），荷兰画家，被认为是 20 世纪超现实主义的启发者。作有大量宗教题材绘画，《地狱》即其中一幅。

市的观察点。

洛杉矶的黎明，在好莱坞的山岗上。人们能清晰地感觉到，太阳只是轻轻触摸了欧洲，最后却来到这里，在这个平面几何图形之上升起，它的光仍然是沙漠边缘的这种崭新的光线。

花梗棕榈树在电子广告牌前摇动，它是这个平面几何图形上唯一的垂直符号。

早上六点，已有一个男人在贝弗利台地（Beverley Terrace）前的公共电话亭打电话。夜晚的广告消失了，白天的广告亮了起来。无处不在的灯光揭露并照亮了建筑的缺席。正是这一切令这座城市变得美丽，不管人们怎么说它，这座城市是亲切、热情的：这就是它所钟爱的自己的无限的水平状态，正如纽约会热爱它的垂直性的存在一样。

洛杉矶高速公路

汽车交通庞大的、自发产生的景观。一种完全的集体行为，被全部人口搬上舞台，一天二十四小时不间断地上演。多亏布置的广泛和将这整个循环网络联系起来的某种共谋性，交通在这里达到了一种与戏剧性的吸引力同样的高度，并获得了某种象征性组织的地位。机器本身通过它们的流动性和自动变速箱，创造了一个同它们相似的环境，人们平稳地进入其中，在这样的环境里，人们转向就像切入某个电视频道一样。与我们欧洲的高速公路相反，它都是由定向的、特别的干道构成，仍然是驱逐的场所（维利里奥）①，而美国高速公路系统则是一个融合的场所（甚至听说有些家庭驾驶着他们的"房车"，一直行驶在高速公路上，从来不曾离开过）。它创造了一种不同的精神状态，欧洲的驾驶员在这里会很快放弃进攻性和灵活多变的行为，放弃他的个人反应，转而采用这一集体游戏规则。人们在此又重新找回了在沙漠中行驶的那种自由的东西，洛杉矶纵使有延展的结构，仍然还只是有人居住的碎片。因而，高速公路没有令城市或风景变质，它们只是穿过了后者，分开了后者，却没有改变这个大都市的沙漠化特征，同时它们理想地回应了唯一的、深刻的愉悦，即行驶的愉悦。

对于熟悉美国高速公路的人来说，存在着一部由路牌组成的连祷文。"右车道必须驶离"（Right lane must exit）。这个"必须驶离"总是会像命运符号一般给我冲击。我必须驶离，把我自己从这个天堂里驱逐出去，离

---

① 维利里奥（Paul Virilio, 1932—2018），法国哲学家，其思想主要围绕速度对现代技术文明的影响展开。

开这个天意的高速公路，它不通往任何地方，然而在这里，我有所有人的陪伴。这里是唯一真实的社会，唯一的温暖，这是某种驱动的、某种受集体强迫的社会，这是自杀性的旅鼠的社会，为什么我要将自己从其中挣脱出来，然后重新跌入个体的行程中，重新跌入一种空幻的责任感中？"必须驶离"（Must exit）：这是一项判决，对游戏者的判决，后者被人从集体存在的唯一形式——无用而光荣的形式——中驱逐了出来。"直行车辆向左并线"（Through traffic merge left）：人们告诉您一切，人们通知您一切。仅仅是阅读这些对生存必不可少的路牌，就已经制造了一种非凡的感觉：反应的清晰，反应的"参与"，即刻而温和。功能性的参与，是因为有某些精确的手势与之吻合。在文图拉高速和圣地亚哥高速上分道而驰的车流并没有彼此分离，它们只是被分隔。在白天随时随地，显然都有相当数量的车辆驶向好莱坞，另一些则驶向圣塔莫尼卡。纯粹的、统计学的能量，仪式的展示——车流量的规律性取消了个体的目的地。这是宗教仪式的魅力：你拥有你前面所有的空间，正如宗教仪式是它们前面所有的时间一样。

重要的不是对汽车展开社会学或心理学的研究。重要的是通过驾驶，更多地了解社会，比所有学科合在一起所了解的还要多。

美国汽车这一一跃而起的方式，这一轻松灵巧的启动的方式，全仰仗它们的自动变速箱和动力转向系统。毫不费力地驶离，无声无息地吞噬着空间，毫不颠簸地向前滑行（道路和高速公路的路况令人赞叹，可与机械的流畅性相媲美），就算是急刹车也刹得很轻柔，像坐在气垫上前行，不再为前面来的车，或者超越你的车而困扰（在这里，有一个关于集体驾驶的默认约定，而在欧洲，我们只有交通法规）——所有这一切制造了一种空间的新经验，与此同时也制造了一种整个社会系统的新经验。对美国社会的理解就在于对一种驾驶习惯的人类学中的这一切予以理解——这比政治理念给人的教益更多。开车一万英里穿越美国，你对这个国家的了解肯定会比所有社会学和政治科学研究院加在一起还要多。

可能城市是先于高速公路系统而存在的，但从今以后，大都市就好像是围绕着这个动脉网络建立起来的：美国的现实情况也是如此。美国的存在先于屏幕的发明，但今天的一切都表明美国是根据屏幕的逻辑建造起来的，它是某个规模宏大的屏幕的折光，不是作为一种柏拉图意义上的影子的游戏，而是从某种意义上说，一切似乎都被屏幕的光辉笼罩着。因为拥有流量和机动性，屏幕及其折射成了每天的事件的一种根本性的决定因素。动力学和电影学的混合产生了一种精神的构型，一种不同于我们的整体知觉。在欧洲你不会发现机动性与屏幕会如此地优先于现实，在那里，事物往往停留在静态的领土形式，物质的可触知形式。

实际上，电影并不在人们通常以为的地方，并且尤其不在人们成群结队参观的制片厂里，例如迪士尼—环球电影制片厂的分公司、派拉蒙等等。如果人们认为美国是整个西方的实体化（hypostasie），加州是美国的实体化，米高梅公司和迪士尼乐园是加州的实体化，那么这里就是西方的缩影。

其实，人们在这里向你展现的，是电影幻觉的衰败和可笑之处，正如迪士尼乐园展现的，是对想象事物的一种滑稽的模仿。影像和明星的豪华时代被缩减为一些人造的龙卷风、蹩脚变形的建筑物和孩子气的把戏的效果，人群为了不表现出大失所望的样子，而装做听任自己上当的模样。阴森的市镇，鬼魅的人。这一切都散发着与日落大道或好莱坞大道同样的陈旧的气息，人们出来后，同时会有自己接受了一个孩子气的仿真测试的感觉。电影院在哪里？它在外面到处皆是，在城市里，在连续不断的、精彩非凡的电影和剧本之中，比比皆是。除了这里，它无处不在。

电影院并不是美国最有魅力的地方，因为整个国家都是电影化的。你所穿过的沙漠像是西部片的布景，都市像是一个符号和程式的屏幕。当你从某个意大利或荷兰的博物馆出来，步入城市时，会有同样的感觉，似乎城市就是某幅画的映像，好像城市是从画中派生出来的，而不是相反。美国城市似乎也是从电影中活生生地走出来的。为了揭开它的秘密，就不应该从城市走向屏幕，而应该从屏幕走向城市。在那里，电影没有披覆上一种特殊的形式，而是它赋予街道和整个城市一种神秘的气氛，这是电影真正吸引人的地方。这是为什么影星崇拜不是一种次要形象，而是电影的辉煌形式，是它神秘的变容，是我们的现代性最后的伟大神话。这恰恰因为偶像纯粹只是一种传染性的影像，一种被粗暴实现的理想。有人说，明星让人做梦——但做梦和被影像吸引不是一回事。然而，屏幕的偶像是内在于以影像方式展开的生命中的。他们是一个奢侈预制的系统，是生命和爱情的陈词滥调的辉煌的合成体。他们只表现了唯一的激情：对影像的激情，以及对影像的欲望的内在性。他们并不让人做梦，他们就是梦，并且他们就是梦的所有特征：他们制造了一种强烈的凝缩效果（晶体化）、邻近效果（他们会立即感染别人），尤其是，他们拥有将欲望即刻视觉具体化（Anschaulichkeit）的特征，这同样是梦的特征。因此，他们并不包含浪漫的或性的想象，他们是即时的可见性，即时的誊写，物质的拼贴，欲望的沉淀。这是拜物教，这是拜物教所崇拜之物，与想象的事物没有任何关系，却与影像的物质虚构密切相关。

1989 年，在法国大革命二百周年之际，革命的奥运会将在洛杉矶举办。历史的火炬从西海岸经过，这是正常的，在欧洲消失的一切都在三藩市复活。假设以巨大的全息摄影，详细的档案，一个完整的电影资料库，最好的演员，最好的历史学家，对大革命的宏大场景进行重构——一个世纪之后，人们将不再能看出差别，好像大革命就是在这里发生的。如果马里布的盖蒂别墅（Getty Villa）① 突然被火山熔岩埋没，几百年之后，这个别墅同庞贝的废墟又会有什么差别呢？

如果在 1989 年到来前爆发一场新的革命，二百周年纪念的发起人会做些什么呢？不可能，这个问题是被排除在外的。然而我们非常希望真实的事件会与拟像（le simulacre）短路，或者以拟像转向灾难告终。因此，在环球影城（Universal Studios），我们每时每刻都希望电影特技变成真实的悲剧。但这是已被电影自身所开发的

---

① 盖蒂别墅，系由美国石油大亨 J. 保罗·盖蒂（1892—1976）建于马里布的别墅改建的艺术博物馆，以展出古希腊、古罗马与伊特鲁利亚的艺术品与文物。这座别墅仿造了公元 79 年因为维苏威火山爆发被埋在火山灰里的赫库兰尼姆的纸莎草别墅（Villa dei Papiri）以及庞贝等地的建筑，故鲍德里亚有此联想。

最后一种怀旧情结［《西部世界》（Westworld）、《未来世界》（Future World）］。①

　　奥运会——完全的即兴表演，对国家的自我庆典的集体参与。"我们做到了！"我们是最好的。里根风范。需要有一个新的莱妮·里芬斯塔尔（Leni Riefenstahl）②，来拍摄这个新的1936年的柏林奥运会。一切都受赞助，一切都令人欣慰，一切都很干净，彻底的广告活动。没有事故，没有灾难，没有恐怖主义，没有高速公路的拥堵，没有恐慌，而且……没有苏联人。③简而言之，一个呈现给全世界的理想世界的影像。然而，在国家的性高潮之后，一种集体的忧郁征服了洛杉矶人。这就是为什么说这个大都市仍然是乡下的原因。

　　在这个离心的大都市，如果你从你的汽车里出来，你就是个罪犯，一旦你开始步行，你就威胁到了公共秩序，就像在路上的游荡的狗一样。只有来自第三世界的移民有步行的权利。从某种意义上说，这是他们的特权，同占据大都市空洞的市中心相关的特权。对其他人来说，步行、疲劳或肌肉活动已变成稀有财产，

①　指位于好莱坞的环球影城中的西部世界和未来世界景区。
②　莱妮·里芬斯塔尔（Leni Riefenstahl，1902—2003），德国演员及导演。1936年执导拍摄了柏林奥运会的纪录片《奥林匹亚》，为体育运动拍摄和影史经典之作。
③　1984年苏联抵制洛杉矶奥运会，未派运动员参加。

变成高价出售的"服务"（service）。因此，事物已经讽刺般地被颠倒了。同样地，在高级餐馆或当红的夜总会门前排起的队伍，常常比给穷人分发食物的施汤站（les soupes populaires）前排起的队伍要长。这就是民主，哪怕最贫穷的符号，也总是有至少一次成为时尚的机会。

美国的一个特殊问题，就是荣誉问题，一部分原因是如今它极为少见，同时还由于它的极端庸俗化。"在这个国家，每个人曾经或将会有至少十分钟的出名机会。"（安迪·沃霍尔）而这是真的——例如有这么一个人，他上错了飞机，发现自己被运到了新西兰的奥克兰（Auckland），而不是靠近三藩市的奥克兰（Oakland）。这一小波折让他成了当天的英雄，他到处接受采访，人们还拍摄了一部关于他的电影。事实上，在这个国家，荣誉并不等于最高的德行，也不等于英雄举止，而是最平凡的命运之中的特异性（la singularité）。因而，所有人都绝对有机会获得荣誉，因为整个制度越是协调一致，就越会有成千上万的个人因某种极其微小的不正常而引人注目。某个统计学模型中最轻微的颤动，某台电脑最微不足道的冲动，都足以给某个反常行为赋予昙花一现的荣誉的光环，无论这一行为是多么的平淡无奇。

这也是在洛杉矶威尼斯缅因街（Main Street）那个扛着沉重十字架的全白色的基督。天气非常热。人们很想告诉他：两千年前，这个动作就已经被完成了。但是确切地说，他并不想创新。他只是扛着他的十字架，就像其他人在他们的汽车上贴着"耶稣拯救世人"或"认识耶稣"等的徽章。人们尽可以向他指出，没有人，真的没有人会注意到他，而他经过之处，只有普遍的冷漠和嘲讽。但是，他会回答你，这正如同两千年来所发生过的一切一样。

博纳旺蒂尔酒店（Bonaventure Hotel）① 的顶层。它的金属结构和落地玻璃窗围绕着鸡尾酒吧缓缓旋转。摩天大楼的外面的移动几乎感觉不到。然后，人们意识到，这个酒吧的平台是移动的，建筑的其余部分是不动的。最后，我看到整个城市在围着静止的旅馆顶层旋转。到了旅馆内部，由于空间的迷宫似的回旋，这种头晕目眩的感觉还会持续。纯粹的幻术师的建筑，纯粹的时空的花招，这还是建筑吗？充满趣味，引起幻觉，这就是那所谓的后现代建筑吗？

---

① 博纳旺蒂尔酒店（Bonaventure Hotel），系由建筑师约翰·波特曼（John C. Portman Jr.，1924—2017）于1976年设计的由5个玻璃塔楼组合而成的35层大楼，顶楼有旋转餐厅和酒吧，被认为是后现代主义建筑的代表作。很多好莱坞电影曾在此取景。

它没有内／外的界面（interface）。玻璃外墙仅仅映照出环境，并向后者反射它自己的影像。因此它们比任何石墙都更加不可跨越。正如那些戴墨镜的人。目光被隐藏在墨镜之后，而对方看到的只是自己的映像。无论何处，界面的透明性都以内部的折射而告终。随身听，墨镜，自动化家用电器，高科技汽车，直至与计算机的永久对话，一切人们夸大其词地称为"沟通"（communication）和"互动"（interaction）的东西，完结于每个单子向自身程式的阴影的重新折叠（repli），完结于它自主管理的巢穴和它的人工的免疫性中。类似博纳旺蒂尔酒店的大厦声称自己是个完美的微型城市，能够自给自足。但是，它们从城市中脱离了出来，更确切地说它们与城市之间没有互动。它们再也看不到城市。它们像一个黑色表面那样将城市折射。人们再也无法摆脱。另外，它的内部空间错综复杂，但却没有秘密，就像在一些游戏中，必须把所有的点连起来，却不能令任意两条线相交。在这里也是如此，一切都在相互交流，却从来没有两道目光会相互交汇。

外面也是如此。

一个化过妆的男人，戴着长长的鸟嘴，披着羽毛，穿着一件黄色带帽风衣，一个乔装打扮过的疯了在市中心（downtown）的人行道上来回走动，然而没有人，没有人去看他一眼。在这里，人们不会看别人。人们太害怕他们会扑向自己，提出一些让人难以忍受的和性的要求，以及钱或情感方面的要求。一切都承载了一种梦游症般的暴力，你必须避免这种接触，以逃避这种可能的释放（décharge）。既然疯子现在不被精神病院收容，那么每个人对他人来说都是潜在的疯子。一切都是这么的不正式，也很少有克制和礼貌（仅有的表皮的永恒的微笑，是一种非常脆弱的保护），以至于人们会觉得每时每刻任何事都有可能爆发，觉得某种连锁反应可能会令这种潜伏的歇斯底里症一下子全部发作起来。纽约也给人同样的感觉，在那里，恐慌仿佛是城市街道的特有气息，有时，恐慌会采取巨大的故障的形式，就像1976年的故障。

到处可见的染色玻璃制成的门面就像一张张面孔：磨砂表面。仿佛在里面空无一人，仿佛在那些面孔后面空无一人。而确实（réellement）也空无一人。这就是理想城市的样子。

第一国际银行。克罗克银行。美国银行。五旬节储蓄（Pentecostal Savings，哦不，这是个教会）。所有银行都聚集在城市的心脏地带，连同一些大的航空公司。金钱是流动的，这就像神恩（la grâce），它永远不是你的。来取钱，是一种对神的冒犯。你配得上这种恩惠吗？你是谁，你要用它做什么？你被怀疑想要把它用作某种用途，而且必定是邪恶的用途，而当金钱处于流动的和无时间性状态时是如此美丽，正如它放在银行里的、被用于投资而不是被用于花费的存在。你太可耻了，去亲吻那只把钱递给你的手吧。

这是真的，就像拥有权力，拥有金钱也是很烫手的，因而需要有人承担风险，而我们应该为此对他们的存在永怀谢意。这就是为什么我犹豫着把钱存到一家银行的原因，因为我担心自己永远不敢把它再取回来。当你去做告解，把你的罪孽寄存在听告解的神父的良心中时，你曾把它们取回来过吗？另外，这里的气氛就像是告解的气氛（再没有什么比银行更像一个卡夫卡式的处境）：承认你有钱，承认这是不正常的。而这是真的：有钱是一种尴尬的状况，银行会把你从这种状态中解救出来："我们对你的钱很感兴趣"——它对你敲诈勒索，它的贪婪没有边界。它厚颜无耻的目光揭露了你的私处，而你被迫交出自己来满足它。某天，我想清空我的账户，把所有的钱以现金的形式取出来。银行员工拒绝让我带着一笔这样的钱离开：这是下作的、危险的、不道德的。我是不是至少愿意要旅行支票呢？不，都要现金。我疯了：在美国，如果你不信仰金钱和它神奇的流动性，还号称要随身携带现金，那么你就是完全疯了。金钱是肮脏的，千真万确。用所有这些混凝土和金属的避难所保护我们免受金钱之害，这样做并非多此一举。因此，银行履行了一种重要的社会功能，而它们的高大的建筑构成了每座城市纪念碑式的心脏是完全符合逻辑的。

黎明最美的事情之一：圣塔莫尼卡的栈桥（pier），汹涌的白色的波涛，威尼斯地平线上灰色的天空，俯瞰着沙滩的淡绿色或青绿色的旅馆，和破败的、鳞次栉比的汽车旅馆，这些汽车旅馆的灯都黏糊糊的，墙上布满涂鸦，它们接连被废弃。几个失眠的冲浪者出没在第一道波浪中，棕榈树是如此的忧郁，还有它们的"疯狂年代"（années folles）① 的优雅，以及旋转木马。向长滩（Long Beach）延伸的曲线像里约（Rio）的依帕内玛（Ipanema）海湾一样辽阔，唯有它可与后者相媲美。但是，与里约不同，它的滨海是骄傲的，豪华的，做作的（但还是很美），在这里，城市差不多结束于大海里的荒地，就像一个洗海水浴的市郊，而城市保留了市郊那种朦胧的魅力。在这里，拂晓时分，这是世界上最没有意义的海滨，几乎就是渔民的海岸。西方世界终结于一个丧失了意义的海岸，正如一次在抵达终点时就失去了意义的旅行一样。洛杉矶这个巨大的大都市搁浅在像沙漠

---

① "疯狂年代"：（les années folles/The Roaring Twenties），指一战结束后欧美所迎来的 20 年代的繁荣，自信又兴旺的岁月。

一般的大海上，同样闲散冷漠。

"生存还是死亡"：圣塔莫尼卡码头上神秘的涂鸦。因为归根到底，在生与死之间，没有选择。如果你活着，你就活着，如果你死了，你就死了。这就像在说："做你自己，或者不这么做！"这很愚蠢，然而这也神秘莫测。人们可以把它理解为，应该紧张地生活，否则就消失，但这种理解很平庸。模仿一下："买单还是去死！"（Pay or die!），"要钱还是要命！"，这就变成了"生存还是活着！"（La vie ou la vie!）愚蠢的重复，因为生命不能与它自己交换。然而，在这种不可避免的同义反复中，有一种诗意的力量，就像处处都是没有什么可以理解的地方。最后，这一涂鸦的教训可能是：如果你比我更傻，你就会死亡！

他们把时间花在图书馆里，我把时间都花在了沙漠和道路上。他们从观念的历史中抽取他们的素材，我则只从时事，从街道活动，或者从自然美景中抽取我的素材。这个国家是天真的，所以你不得不天真。这里的一切仍带有原始社会的印迹：技术、媒体、彻底的仿真（生物的、社会的、立体声的、视频的）都以一种野性的、原初的状态发展着。无意义规模巨大，沙漠保留着原始的场景，即使在大都市也一样。空间的开阔，语言和性格的单纯……

我的狩猎场是沙漠、山脉、高速公路、洛杉矶、西夫韦超市、萧条的市镇或市区，而不是大学的报告厅。沙漠，他们的沙漠，我对它们的了解，比他们还要好，因为他们不理睬他们的自己的空间，就像希腊人不理睬他们的大海一样，我从沙漠中获得的关于美国的、社会的、具体的生活的东西，比我曾经从官方或知识界的社交中学到的更多。

美国文化是沙漠的继承人。这些沙漠并不是一种与城市相对应的自然，它们表明了每种人类制度背后的空虚和根本的赤裸。同时，它们将人类制度视作一种空虚的隐喻，将人类的工作视作沙漠的连续性，将文化视作一种海市蜃楼，和拟像的永恒性。

自然界的沙漠将我从符号的沙漠中解放了出来。它们教我同时去阅读表面和运动，地质和静止。它们创造了一个所有的剩余，城市，关系，事件，媒体都被删除的幻象（vision）。它们诱发了一种将符号及人类沙漠化的令人兴奋的幻象。它们构成了精神的边界，在这边界上，文明的事业都遭搁浅。它们处于领域之外和欲望的周界之外。对于意义的过剩，对于文化意图和自负的过剩，总是需要求助于沙漠。它们是我们的神话的操盘手。

罗米欧鞍 — 卡米诺·塞罗 — 蓝色峡谷 — 快速银矿 — 塞克莫瑞峡谷 — 圣拉斐尔荒野

当夜幕降临，在公路上奔波了三个小时后，我在圣拉斐尔荒野（San Rafaël Wilderness）中迷路了。驾车朝向白天的最后的光线一直向前，接着前进到河床的沙子里的被车灯照亮的地方，我是过去，还是不过去？黑暗笼罩四周，我很有可能在这里过夜，但威士忌制造了一种美妙的放纵感。终于，在两个小时车程和坠入地狱之后，我在天际，在卡米诺·塞罗（Camino Cielo）的山脊上重生了，还从上面看到了圣塔巴巴拉的灯光夜景和鸟瞰图。

波特维尔

穿过一排排笔直的柑橘树来到这里，柑橘叶是几何形的和深绿色的，柑橘林铺排在浅黄褐色的山丘的山坡上，就像托斯卡纳（Toscane）的山丘，其上覆盖着起伏的青草，仿佛动物的一层毛皮。一条有着五十棵棕榈树的林荫小路，每棵树都高度一致，并且绝对对称。这条路通往种植园主的房子，相比之下，这座房屋显得很小，所有的百叶窗都紧闭着。这看起来像是一个殖民地的景象，但这是在落基山脉的西坡，位于红杉国家公园（Sequoia National Park）的脚下。往下走能到达一个不算是城市的城市，那条路和一排排的柑橘树一样笔直，里面住着墨西哥裔奴隶，他们从他们的主人那里买下了老式雪佛兰汽车，这些车都是50年代的。通往下面的是一条种着夹竹桃树的小路。而这逐渐显露出来的东西，就是城市本身，完全没有任何中心，这对于我们欧洲人来说，这让人难以理解。沿着每条街道上坡，再下坡，却不能确定任何类似一个中心点的地方。甚至没有银行，没有行政大楼，没有市政厅，这个城市没有坐标，它就像个种植园。唯一有生命的迹象：一面美国国旗，就插在那个死去的中心——一个旅馆近旁。这是唯一一栋三层楼的建筑，它那被扯破的窗帘穿过被打碎的窗玻璃，在这个傍晚的热风中飘扬。房间的门甚至打不开，那个墨西哥旅馆老板找不到钥匙了。价钱微不足道。你只要花上20美元，就可以在这里住上一个星期。然而，在每个房间里，尽管床垫是塌陷的，镜子被灰尘夺去光泽，电视机却一直开着，看起来不是为任何客人而开，在那些迎风开放的房间里是如此，在那些甚至再也不会开门的房间里也是如此。人们可以在街上透过窗帘看到电视，或者至少看到它们的反光。所有的走廊（其地毯都已经被磨得露线）只提供一个唯一的符号：**出口**。人们可以从任何方向出去。你可以只花通常的汽车旅馆一夜的房钱，在这里租三个房间，并且住上一个星期。这可能是四十年前，当贝克斯菲尔德（Bakersfield）的有钱人逃往凉爽的山区时下榻的旅馆。今天，这里始终是波特维尔的心脏，可陷入了无可挽回的衰退中。天气太热了，人们根本无暇顾及这个问题。

夜幕在波特维尔上空缓缓降临，周六晚上的狂热开始了。《美国风情画》之 85 版（American Graffiti 85）。①所有汽车都在长达两英里的主干道上上上下下，排着长队缓慢或快速地行进，这是一种集体的游行，人们喝着酒，吃着冰淇淋，车上的人互相打着招呼（而白天大家在开车时都互不在意），音乐，扩音设备，啤酒，冰淇淋。相对而言，这与拉斯维加斯长街（Strip）夜晚缓慢伸展的车流，或洛杉矶高速公路上的汽车行列是同一种仪式，只是在这里转换成了周六夜晚的乡村幻梦剧。唯一的文化元素，唯一的移动元素：汽车。没有文化的中心，没有消遣的中心。原始社会：相同的机车认同，相同的对正在展开的仪式的集体幻想——早餐、电影、宗

---

① 《美国风情画》(American Graffiti)，1973 年由乔治·卢卡斯导演及编剧的电影，以四个美国高中生在 1962 年的夜晚发生的故事，展现了美国六十年代的生活。鲍德里亚以此指他在 1985 年的当下看到的美国生活的情景。

教服侍、爱情与死亡，一切都在汽车上进行——，整个生活都是"免下车"（drive-in）服务。太壮观了。这一切就像是在明亮而安静的太空舱中的游行（一切都在相对安静的状况下发生，没有换挡，也没有人超车，这些同样有着自动变速箱的流动性的怪物，在车流中一辆接一辆平稳地向前滑行）。夜里没有上演别的东西。除了在城市一隅，在聚光灯下，在马匹扬起的尘土中，在棒球场附近，有一群12岁到15岁的女孩子在疯狂地奔跑，真正的西部片女孩，一场比赛。而次日早上，星期天的早上，街道空空荡荡，几乎与沙漠没有区别，有一种超自然的宁静。空气是透明的，四周都是柑橘树。在夜晚的汽车仪式过后，一切都被抛弃在过于宽阔的大道的光线中，熄了灯的货栈，勉强醒着的加油站。自然的、孤儿一般的光线，没有路灯，也没有发光的广告牌——只有几个墨西哥人开着他们的加长汽车四处巡游，几个最早起来的白人，在他们开放式的门廊前洗车。星期天早上的光亮是全无意义的。这是整个美国的全息摄影的微缩模型。

死亡谷（Death Valley）依旧巨大而神秘。火，高温，光亮，一切献祭的元素。总是需要带点东西到沙漠献祭，把它作为牺牲献给沙漠。一个女人。如果有什么东西应该在此消失，某种与沙漠的美丽相当的东西，为什么不能是一个女人呢？

没有什么比共生现象（宽松的衣服、慢节奏、绿洲），如人们在沙漠的本土文化中所发现的，更与美国沙漠无关了。在这里，和人有关的一切都是人造的。火炉溪（Furnace Creek）是一个装有空调的人工合成绿洲。但是，在炎热酷暑中的人造清凉，在广袤自然中的人工速度，在烈日骄阳下的室内灯光，或者偏远赌场中的赌博体验，没什么比这一切更美。

瑞内·班海姆（Reyner Banham）是有道理的：死亡谷和拉斯维加斯是不可分离的，必须全盘接受不变的持续性和最疯狂的瞬间性。在空间和赌博的乏味之间，在速度和花费的乏味之间，存在某种神秘的亲缘性。这就是美国西部沙漠的独特性，一种暴力的、强烈的并置。整个国家也是如此：必须接受整体，因为正是这种冲撞造就了美国式生活的明亮、令人振奋的一面，正如在沙漠中，每样事物都是沙漠魔力的一部分。如果你在评价这个社会时，目光稍带一点道德、美学或批判的色彩，那么你就会抹杀它的独特性，后者恰好刚刚向这种评判提出了挑战，并神奇地混合了各种效果。回避这种混杂和这种过度，你就是不折不扣地逃避它向你提出的挑战。对比的强烈，正面与负面效果的没有差别，人种、技术、模式的冲撞，拟像和影像的华尔兹舞般的调动，这一切在这里达到了如此的程度，以至于你必须接受那不可理解的连续（succession）本身，就像接受梦的各个元素一样，你还必须把这种运动看作一种不可抗拒的和基本的事实。

人们在别处谈到的区别在这里几乎没有意义。辨别某种美国式礼仪的特征，实际上，其礼仪时常远胜过我们［"高雅文化"（haute culture）的国家］的礼仪，此外还指出这种礼仪是野蛮的，这是徒劳无益的。把作为自然的崇高现象的死亡谷与作为文化的可鄙现象的拉斯维加斯对立起来，也是徒劳无益的。因为一方是另一方隐藏的面孔，而它们在沙漠中彼此呼应，就像皮肉生意和景观的顶点与秘密和沉默的顶点。

话虽这么说，死亡谷的"本身"（en soi）有某种神秘的东西。无论犹他州和加州的沙漠结合在一起呈现出怎样的美，这里是另外一回事，是某种崇高的东西。笼罩着它的超自然的热的雾气，它的海平面以下的倒置的深度，这种风景的水下特征，以及盐质表面和泥丘，高山的包围，这令它成为一种内在的神庙——一个传授宗教奥义的场，它拥有地质深度和炼狱的深度，柔和且鬼魅。这是一直让我震惊的，这就是死亡谷的"柔和"（douceur），它的色彩的淡雅，化石的面纱，它的矿物歌剧院的雾一般的幻觉。没有任何悲哀的或病态的东西：一种转译（transverbération），在其中，一切都是可感知的，空气的矿物的柔和，光线的矿物的物质，色彩的微粒的流动，高温中身体完全的外向性。另一个行星的碎片（无论如何在所有人类之前），另一种更为深刻的时间性的承载者，你们漂浮在这个行星碎片的表面，就像漂浮在重水之上。这令感官和精神麻木的，并且让一切属于人类的情感都麻木的，这就是在自己面前所有的在一亿八千万年里没有任何变化的纯粹的符号，因此，这也是你自身存在的冷酷的迷。这是唯一一个有重生的可能的地方，在此色彩的物理光谱（spectre）与先于我们存在的非人的变形的幽灵（spectre）同时重生，我们的连续的生成：矿物的，植物的，盐性沙漠，沙丘，岩石，矿石，光，热，这大地可能拥有的一切，所有它在此曾经历过的一切非人类形式，会聚为唯一的选集的幻影（vision）。

沙漠是一种身体内部沉默的自然延伸。如果说人类的语言、技术、机制是其建构能力的延伸，那么沙漠就是其缺席能力的延伸，是其消失形式的理想图景。当人们从莫哈韦沙漠（Mojave）出来时，班海姆说，在十五英里之内，他是很难适应的。眼睛无法再停留在近处的物体上。准确地说，它无法再停留在任何物体上，而一切阻断视线的人类或自然的构造，似乎都是令人厌烦的障碍，只会破坏目光的完美的展开。从沙漠出来，眼睛到处都会重新在心里描绘完美的虚空，它能做的，只是把沙漠想象成所有居住区的，所有风景的水印（filigrane）。改掉这个习惯要很长时间，而且永远不会彻底改掉。将一切实体都从我身旁移除……但是，沙漠和某个人们能够清除所有实体的空间不是一回事。同样地，沉默和人们能够去除所有噪音的东西不是一回事。无须闭上眼睛就能听到它。因为这也是时间的沉默。

在死亡谷这里，甚至不缺少电影的透视缩短效果。因为所有这种神秘的地质特征同样也是一个电影剧本。美国的沙漠是一出非凡的戏剧（dramaturgie），但根本不是剧场性（théâtrale）的，像阿尔卑斯山的景色那样，也不像森林或田野那么多愁善感。也不像凡俗的澳大利亚沙漠那样受侵蚀又单调。也不像伊斯兰世界的沙漠那么神秘。它是纯粹的、地质学的戏剧性，把最尖锐的、最具延展性的形式和最柔和的、最淫荡的海底的形式结合在了一起——所有的地壳的变质作用以一种综合的、一种神奇的透视缩短的形式在这里得到了体现。大地及其元素的所有智慧都被集中在这里，集中在一种无与伦比的景观中：地质学的电影巨制。电影并不是我们所拥有的给予沙漠一种电影视角的唯一的手段，自然本身在人类登场很早以前，就已经在这里成功实现了它最美好的特技效果。

试图把沙漠去电影化，令其保留一种原初的本质，是徒劳的，这两个画面的重叠（surimpression）是完全的，而且它们的重叠还在继续。众多的印第安人，台地，峡谷，天空：电影吸收了一切。然而，这是世界上最摄人心魄的景观。我们是不是应该更喜欢"本真"（authentiques）的沙漠和深邃的绿洲？正如对波德莱尔来说，像他能够在人为的手法中抓住真正的现代性的秘密一样，对于我们这些现代的甚至超现代的人来说，唯一摄人心魄的自然景观，它既呈现出最动人的深度，同时也呈现出对这一深度的完全的拟像（simulacre）。就像在这里，时间的深度通过景深（电影化的）的深度显现出来。纪念碑谷（Monument Valley），这是大地的地质学，这是印第安人的陵墓，并且，这是约翰·福特（John Ford）的电影摄影机。[①]这是侵蚀，这是灭绝，但这也是电影镜头的推移。而所有这三种东西混合在我们所具有的幻觉中（vision）。每一阶段都以微妙的方式终止了前一个。对印第安人的灭绝终止了这些风景的自然的宇宙的节奏，而几千年来，这些风景就与他们神秘的存在紧密相连。随着开拓者的文明的到来，一种极为缓慢的进程被一种更快的进程所取代。但五十年后，这个更快的进程本身发现被电影的摄影机的镜头推移所接替，后者

---

① 约翰·福特（John Ford，1894—1973），美国著名导演及编剧，也是著名的西部片导演，曾执导过《关山飞渡》(Stagecoach，1939）等。

再次加速了这一进程，并且从某种程度上说，通过把印第安人作为电影的配角复活，它终止了他们的消亡。因此，这一风景见证了所有地质学和人类学事件，直到最近的一切事件。之所以西部沙漠具有非凡卓越的风景品质，是因为沙漠结合了最久远的象形文字，最生动的光线，和最彻底的表面性。

色彩在这里似乎细微化了，与物质相分离，衍射入空气中，漂浮在事物的表面上。——风景的幽灵般、"鬼怪般"（ghostly），同时又是朦胧的、半透明的、平静和色调变化细腻的印象，由此而来。海市蜃楼的效果也由此产生，和时间的海市蜃楼一样，非常接近完全的幻觉。众多的悬岩、沙地、水晶和仙人掌都是永恒的，但同样也是转瞬即逝的，不真实的，与其物质脱离的。植被已经少到不能再少，但却是不可毁灭的，而每年春天花朵都会奇迹般绽放。相反，光线，它，却是实体的，在空气中雾化，它给予所有色彩以这种特有的柔和色调，这就像非肉身化的（désincarnation），灵与肉分离的影像。从这个意义上说，人们可以谈论沙漠的抽象性，谈论一种有机的释放，这一释放超越了身体向肉体不存在状态的可鄙过渡。死亡的干燥、明亮的阶段，在其中，身体的腐败得到了完成。沙漠则超越了这个腐烂的受诅咒的阶段，这一身体的潮湿阶段，这一自然的有机的阶段。

　　沙漠是一种崇高的形式，它远离了一切社会性，一切多愁善感状态，一切性征。话语（parole），即使是同谋，也始终太多。爱抚没有意义，除非女人本身就是沙漠化的，拥有一种即时和表面的动物性，而此时在其中肉体就把那种干燥和非肉身化添加到了一起。但在另外一种意义上，而且是在寂静的封印下，夜晚在死亡谷中的降临是无与伦比的，夜降临在沙丘前的阳台上，降临在汽车旅馆疲惫不堪的、透明的安乐椅里。高温居高不下，只有夜幕降下，被几辆汽车的前灯戳出几个窟窿。这种寂静是人闻所未闻的，或者更确切地说，它就是全部的听觉。这不是寒冷的寂静，既不是赤裸的寂静，也不是生命的缺席的寂静，这是在我们面前绵延数百英里的矿物区之上的全部高温的寂静，这是轻风拂过坏水地（Badwater）的盐渍污泥的寂静，并且也是它抚摸电报峰（Telegraph Peak）的金属矿床时的寂静。这是死亡谷山谷自身的内在的寂静，是海底侵蚀作用的寂静，这侵蚀发生在时间的吃水线以下，就像发生在海平面以下。没有动物活动，这里的一切都不做梦，都不在梦中说话，每个夜晚，大地都沉入完全宁静的黑暗之中，沉入其碱性妊娠的黑色之中，沉入其诞生的幸福的抑郁之中。

　　早在离开之前，我就已经只生活在对圣塔巴巴拉的回忆之中。圣塔巴巴拉只是一个梦，并且它拥有梦的所有过程：一切欲望的令人厌倦的满足，凝缩，移置，便利性……所有这些很快变得不真实。哦，美好的时光！今天早上，一只鸟飞来死在阳台上，我给它拍了张照片。但没有人会对自己的生命无动于衷，而最微不足道的变动也会让人心烦意乱。在来此很早之前，我就已在想象中来过这里，因此，这一次的逗留就变成了前世生命的逗留。在最后几个星期，时间仿佛增加了，因为已经不在这里的感觉和每天生活在圣塔巴巴拉的感觉，以及它的致命的温柔和它的平淡，就像它是命中注定的一个永恒回归的地方。

在记忆的后视镜中，一切都消失得越来越快。在心理转变的瞬间，两个半月的印记就被抹去了，甚至比时差（jet leg）还迅速。要想使那份惊奇感永保鲜活，是困难的，甚至试图回忆或重温惊奇的感觉，也是困难的。它们持续的时间从来不会比它们发生的时间更长久。过去人们常常会重温一部电影，这是个美好的习惯，现在，这个习惯消失了。我怀疑从此以后，人们会在死亡的时刻，于一瞬间内重新看到自己的一生。永恒回归（l'Éternel Retour）的可能性本身变得不确定：这个神奇的前景假设事物会被纳入一种必然的和命定的连续（succession）中，这种连续会超越（dépasse）它们。

然而今天并没有类似的事情发生，在其中事物被纳入一种软弱无力的和没有未来的连续中。永恒回归是无限微小的事物的回归，是分形的回归，是一种用显微镜才能看见的和非人类的尺度的强迫性的重复，这不是一种意志的激动，不是对某个事件的至高无上的肯定，也不是如尼采所期望的通过某个不变的符号令事物成圣，这是微处理的病毒性的循环，的确不可避免，但是，没有哪个强有力的符号能将其当作命中注定的呈现在想象之中（不管是原子弹的向外的爆炸，还是病毒的内爆，都无法通过想象来"命名"）。这就是我们周围的事件：微处理的和瞬间的抹除。

从加州回来，意谓着重新进入一个曾经熟悉和生活过的世界，但这样做时，你却没有感受到你或许期盼的从前生活的魅力。人们曾离开这个熟悉的世界，希望它会在你不在时完全改变，但它却并非如此。没有你，它过得很好，而当你回来，它适应得也很好。人和事被安排得井井有条，似乎就像你没有离开过一样。我自己无怨无悔地摆脱了所有这一切，而再看到它时也就无动于衷。人们对自己那些微不足道的事情的关注，远远多于对另一个世界的奇特性的关注。因而，建议审慎着陆，屏住你的呼吸，礼貌地再次降落，并把一些还在闪闪发光的图景保留在你的记忆中。

美国和欧洲的对比与其说拉近了两者的关系，不如说显现了一种扭曲，一种不可逾越的断裂。分开我们的，不仅仅是时差，而是现代性的整个深渊。人是生而为现代人，而不是成为现代人的。而我们从来没有成为现代人。在巴黎，跃入眼帘的，是 19 世纪。人们从洛杉矶回来，在 19 世纪着陆。每个国家都具有某种历史的宿命，它几乎明确地标明了它的特性。对于我们来说，描绘我们的风景的轮廓的，是 1789 年的资产阶级模式，和这一模式无止尽的衰败。对于它，我们无可奈何：这里的一切都围绕着 19 世纪的资产阶级梦想而旋转。

图 8　乌托邦岛，1516 年

实现了的乌托邦

对于欧洲人来说，即使今日，美国都对应于流放的某种深层形式，某种移民和流放的幻想，因此也对应着欧洲人对自己文化的内在化（intériorisation）形式。与此同时，它也对应于一种强烈的外向性，而因此与这同样的文化的零度相一致。没有别的国家能够如此这般的体现这种非肉身化（désincarnation）的功能，如此好地从整体上体现我们欧洲文化所给予的剧烈化和激进化的功能……通过一场暴力行动，或者一场戏剧性的变化，地理流放的这种变动，加上在 17 世纪建国元勋们的身上，人的自我意识里的自愿的流放，在欧洲被保留的批判和宗教的深奥主义（ésotérisme）在新大陆转化为务实的外向主义（exotérisme pragmatique）。所有美国的基础都是对这种双重运动的回应，是对意识中的道德律的一种深化，是对始终是各个教派的乌托邦需求的一种激进化，是对工作、习俗和生活方式的这种乌托邦的直接的物质化。在美国着陆，即使今天，还是着陆于托克维尔所谈论的那种生活方式的"宗教信仰"（religion）之中。流放和移民把这种生活方式、成功和行动的物质乌托邦，凝聚为对道德律的深刻说明，并已经将其转化为原初的场景。我们，欧洲人，我们所有的标记就是1789年大革命，但不是同样的印章：是历史的、国家的、意识形态的印章。政治和历史保留了我们的原初场景，而不是乌托邦的和道德的领域。而对欧洲人来说，今天，如果这种"超验性"革命几乎不再坚信它的目的和手段，人们是不能对此同样谈论的，内在的，美国的生活方式，这种道德的和实用主义的主张，后者不论在今天还是在过去，都构成了新世界的悲怆（pathétique）。

美国是现代性的原始版本，而我们是配了音或加了字幕的版本。美国人为起源问题驱魔，它对起源或神秘的真实性没有兴趣，它没有过去，也没有建国的真理。因为没有经历时间的原始积累，它就生活在一种永恒的现实性（actualité）之中。因为没有经历真理原则缓慢的和数百年的积累，它就生活在永恒的仿真（simulation）中，生活在符号永恒的现实性中。它没有祖传的领土，今天，印第安人的土地被局限在保留地中，这就相当于美国人把诸多的伦勃朗和雷诺阿的作品保存在博物馆里。但这并不重要——美国没有身份认同（identité）问题。不过，未来的权力将被奉献给那些没有起源、没有真实性的民族，他们知道如何充分利用这种境况。看看日本，从某种程度上说，它比美国自己更好地变现了这个赌注，并在某个我们无法理解的悖论之中，成功地把领地制和封建制的权力转变成了去领土化的和失重的权力。日本已经是地球这颗行星的卫星。但美国在它的时代已经是欧洲这颗行星的卫星。不管人们愿不愿意，未来已经向人造卫星转移。

美利坚合众国是实现了的乌托邦。

我们不应该像评判我们的危机一样去评判他们的危机，我们的危机是古老的欧洲国家的危机。我们的危机是历史的理想主义受其不可能实现所苦的危机。他们的危机是已实现了的乌托邦面对其持续性和永久性时的危机。美国人田园诗般的信念是他们是世界的中心，是最高权力，是绝对的典范，这个信念并没有错。这一信念与其说是建立在资源、技术和武力的基础之上，不如说是建立在一个具体化的乌托邦的奇迹般的前提之上，这个社会，它带有人们可能会认为无法忍受的直率，它建立于某个观念之上，即它是其他人所有的梦想的完全实现——正义、富庶、法治、财产、自由：它知道这一点，并对此坚信不疑，而最后，其他人也都相信了。

在当前的价值危机中，所有的人最终都会转向那种通过戏剧般的神来之笔将这些价值变成现实的文化，转向那种借助移民的地理和精神上的断裂，并鼓励白手起家去创造一个新的理想世界的社会——不要忽视电影为这种进程的美化与增魅所做的贡献。无论发生什么事，无论人们对美元或跨国公司的傲慢作何感想，就是这种文化，它在世界上强烈地吸引着那些同样是受其折磨的人，以及那些因这种深刻的和癫狂的信念而实现了他们的所有梦想的人。

但事实上没有这么癫狂：所有开拓性的社会都或多或少是个理想的社会。甚至巴拉圭的耶稣会士们也是如此。甚至巴西的葡萄牙人，也在某种程度上建立了一种理想的家长制和奴隶制的社会，但它与美国北方联邦制的、盎格鲁—撒克逊的、清教徒的模式有所区别，在现代世界，美国南部同盟的模式几乎没有被普及。通过输出自身，通过在海外被实体化，这种理想净化了它的历史，并自我具体化，用新的血液和实验性的能量发展起来。"新世界"的活力始终证明着其之于"故国"的优越性：其他人将这种理想保持为一种终极目标，并且隐秘地认为这是不可能实现的目标，美国人则将其付诸了实施。

从这个意义上说，殖民行为是一个世界化的戏剧性转变，它在各处都留下了深刻的和怀旧的痕迹，即使当它正在崩溃时。对旧世界来说，它代表了一种独一无二的经验，涉及价值观的理想化的更替，几乎就像在科幻小说里一样（在其中它常常保留那种调性，正如在美国），并且，它一下就超越了这些价值在起源国的命运。这些社会在边缘的突然出现取消了历史社会的命运。在将它们的本质野蛮地外推至海外时，后者这些历史社会失去了对它的发展的控制。它们被自己分泌的理想模型废弃。发展将永远不会再以线性进步的方式重新发生。对于这些迄今为止还是超验的价值来说，它们被实现，被投射或在现实中（美国）遭遇崩溃的时刻，是一个不可逆转的时刻。无论如何，这就是把我们与美国人分开的东西。我们永远追不上他们，并且我们永远无法拥有他们的这种单纯（candeur）。我们落后他们五十年，我们只是在仿效他们，拙劣地模仿他们，而且还不成功。我们缺少他们的灵魂和胆量，人们可以把这种灵魂和胆量称为一种文化的零度（le degré zéro d'une culture），无文化（l'inculture）的力量。我们或多或少去适应是没什么用的，这种世界观（vision du monde）我们总是在逃避，就像在美国总是被避开的欧洲的历史的和先验的"世界观"（Weltanschauung）一样。就像第三世界国家永远无法将民主和技术进步的价值观内在化一样——根本性的裂痕是存在的，而且不可能被跨越。

我们将仍然是被理想撕裂的怀旧的乌托邦主义者，但实际上，我们却对它们的实现感到厌恶；我们宣称万事皆有可能，但从不认为一切均已实现。而这是美国所断言的东西。对于我们来说，我们的问题是，我们的老目标——革命、进步、自由——将在它们被触及之前，在没有能被实现之前，就已经消失。我们的忧郁由此而来。我们将永远不会拥有这个戏剧性转变的机会。

我们生活在否定性和矛盾之中，他们生活在悖论之中（因为一个业已实现的乌托邦是一种悖论式的观念）。对很多人来说，美国生活方式的特质在于这种实用主义的和悖论式的幽默感，而我们的生活方式的特征（或曾经的特征？）是通过我们的批判性思维的精微（subtilité）表现出来的。很多美国知识分子羡慕我们这一点，想给自己重新塑造一套理想的价值观，一个历史，重新体验老欧洲哲学的或马克思主义的美妙之处。这与构成他们的原初状态的一切都逆流而动，因为美国（无）文化［l'（in）culture］的魅力和力量恰好来自模型的突然的和史无前例的实现。

当我看到美国人，尤其是知识分子，带着乡愁眼红地看着欧洲，看着它的历史，它的形而上学，它的美食，它的过去时，我对自己说，这是个不快乐的移情的例子。历史和马克思主义就像美酒和美食：它们并没有真正跨越大洋，尽管曾有激动人心的尝试试图令它们适应新的环境。这是个正当的报复，因为我们欧洲人从来没能真正的驯化现代性，而它同样拒绝从另一个方向跨越大洋。

有些产品不允许进出口。对我们来说倒霉，对他们来说也倒霉。如果对我们来说，社会是一种食肉的花朵，对他们来说，历史是一种外来的奇葩。它的芬芳不会比加州葡萄酒的芳香更让人信服（今天，人们想让我们相信相反的事实，但无济于事）。

不仅历史不能挽回，而且，在这个"资本主义"社会，似乎资本的现实性本身也永远无法被挽回。然而，在我们的马克思主义批评家那里，追逐资本并没有错，但资本总是领先一步。当人们揭露资本的某个阶段时，它已经进入了后面的阶段（欧内斯特·曼德尔和他的世界资本的第三阶段）。① 资本很狡猾，它并不玩批评的游戏，这历史的真正游戏，它挫败了辩证法，后者只是在事后，通过一场迟来的革命，重新建构它。甚至反资本主义的革命也只为重新推动它自身服务：它们相当于曼德尔所说的"外生事件"（exogenous events），例如战争或危机，或金矿的发现，它们在另外的基础上重新推动了资本的进程。归根到底，所有这些理论家们自己证明了他们的希望的虚幻。在政治经济学至上的基础上，他们在每个阶段重新发明了资本，并进行了作为历史事件的资本的绝对主动性的论证。因此，他们给自己设下了

---

① 欧内斯特·曼德尔（Ernest Mandel，1923—1995），比利时经济学家和政治学家，其《晚期资本主义》（*Late Capitalism*，1972）颇具影响。

一个陷阱，并取消了所有超越它的机会。同时这也确保了——这也许就是他们的目标——他们的分析永远处于滞后状态。

　　美国从来不缺暴力，也不缺事件，人物，观念，但这一切并不构成一种历史。奥克塔维奥·帕斯（Octavio Paz）[1]明智地断言：美国是在对历史的逃离，构建一个躲避历史的乌托邦的意图中被创建出来的，它已经部分地获得了成功，并且它今天仍然在这个意图中坚持不懈。历史作为社会和政治理性的超验性，作为对社会的辩证和冲突的看法，这个概念不属于他们——同样，现代性，确切地说，作为与一种确定的历史有别的原初的断裂，也永远不会属于我们。为了明白这点，我们现在已经在这种现代性的不快乐的意识中生活了足够长的时间。欧洲发明了某种封建形式，贵族政治，资产阶级，意识形态和革命的类型：所有这些对我们都有意义，但在其他地方，它实际上都毫无意义。所有试图笨拙地模仿这些东西的人，他们不是使自己成为了笑柄，就是戏剧性地步入歧途（我们自己所做的，差不多也就是模仿自己，延续自己的生命）。而美国，它则置身于断裂和激进的现代性的位置上：这就是为何现代性正是在此处才具有原

————————
　　[1]　奥克塔维奥·帕斯（Octavio Paz，1914—1998），墨西哥诗人，作家，1990年获诺贝尔文学奖。

创性，而非别处。我们只能去模仿它，却不能在它自己的领土上挑战它。一件事情一旦发生了，就发生了，仅此而已。而当我看到欧洲不惜一切代价，用贪婪的目光注视现代性时，我对自己说，这也是一种不快乐的移情。

我们一直是中心，然而是旧世界的中心。他们曾是这个旧世界的一种边缘化的超验性，如今却成了新的和离心的中心。离心性（L'excentricité）是他们的出生证明。我们永远无法将其从他们那里夺走。我们将永远无法以同样的方式令自己偏离中心（excentrer），去中心化（décentrer），因此我们将永远无法实现真正意义上的现代，并且永远享受不到同样的自由——不是我们认为已得到确保的这种形式上的自由，而是那种具体的，弹性的，功能性的，主动的自由，我们看到这种自由在美国制度和每个美国公民的头脑中起着作用。我们的自由的概念永远不可能与他们的那种自由，空间的和移动的（spatiale et mobile）自由概念相媲美，因为它得自一个事实，即某一天，他们已将自己从这种历史的向心性（centralité historique）中解放了出来。

从大西洋彼岸这种满功率的离心的现代性诞生之日起，欧洲开始消失。神话已经被移位。今天，所有的现代性的神话都是美国的神话。痛苦毫无作用。在洛杉矶，欧洲已经消失。就像伊萨贝拉·于佩尔（Isabelle

Huppert）[①] 所言："他们什么都有。他们不需要任何东西。当然，他们羡慕并欣赏我们的过去和我们的文化，但归根到底，我们在他们眼中就是一个优雅的第三世界。"

从最初的去中心（décentremen）起，在政治领域，它永远保留下来的是一种联邦制，一种向心性（centralité）的缺席，而在习俗和文化方面，它永远保留下来的是一种去中心化（décentralisation），一种离心性（excentricité），而这种去中心化和离心性正是新世界与欧洲的关系。合众国没有难以解决的的联邦问题（当然，曾有过美国南北战争，但我们说的是目前的联邦制整体），因为他们从一开始，从他们历史的开端，就是一种混杂的，混合的文化，民族和种族杂烩的文化，对抗性和异质性的文化。这在纽约清晰可见，在那里，每幢大楼都相继统治过这座城市，在那里，每个人种都以自己的方式轮流统治过这座城市，然而在那里，整体给人的并非是一种不协调的印象，而是能量的汇聚，不是统一或多元，而是对抗的强度，对立的力量，因此，它超越文化或政治，在生活方式的暴力或平庸本身之中，创造了一种共谋关系，一种集体的吸引力。

同理，美国和法国之间，在种族、人种的调性上（tonalité）有着深刻的差异。在那边，多个欧洲民族的粗

---

① 伊萨贝拉·于佩尔（Isabelle Huppert, 1953—　　），法国女演员，歌手。

暴混合，随后是外生种族的混合，生产了一种原初情境
（situation originale）。这种多种族性改变了国家，并且它
赋予了自己特有的复杂性。在法国，既没有原初的杂烩，
也没有真正的融合，也没有族群之间的挑战。殖民情境
脱离了原初的背景（contexte），只是被转移到了宗主国
而已。实际上，所有移民都是阿尔基（原文为 harkis，
指在阿尔及利亚独立后，获得法国公民身份的阿尔及利
亚人），处在他们的压迫者的社会的保护领地之内，在
其中，他们只能以他们的贫穷或他们事实上的流放作出
抵抗。移民问题可能是一个烫手的问题，但从事情本身
来说，数百万移民的存在既没有给法国的生活方式留下
痕迹，也没有改变这个国家的构型（configuration）。这
就是为什么，当人们回到法国时，对所有人来说，大家
都尤其会有种令人厌恶的小种族主义的印象，有一种扭
曲的和可耻的情境的印象。这是一种殖民状态的后遗症，
其中经久不散的，是殖民者和被殖民者的背信弃义。而
在美国，每个人种，每个种族都发展出了一种有竞争性
的语言和文化，有时甚至比"原生"（autochtones）的语
言和文化更加优越，而每个族群都象征性地轮流占据着
上风。这里涉及的不是形式上的平等或自由，而是事实
上的自由，表现在对抗和挑战中，而这赋予了种族之间
的对峙以一种奇特的生机，一种开放的调性。

　　我们的欧洲文化是一种将自己的一切都寄托在普遍

性上的文化，而它所面临的危险就是被普遍性毁灭……况且，这既是市场，货币交换或生产资料的概念的拓展，也是文化理念的帝国主义。我们应该警惕这种理念，它只有在抽象中被形式化，才能变成普遍性，它同革命的理念完全一样，而以这样的理由，它同样会吞噬独特性（singularité），正如革命吞噬自己的孩子们一样。

这种要求普遍性的结果，是产生了一种同等的不可能性，既不可能向下多样化（diversifier），也不可能向上联邦化（fédérer）。一个国家或一种文化一旦根据一种可持续的历史进程被集中化（centralisée），它就会在创造可行的子集和融入一个相干的超集时，同样遭遇到无法克服的困难……在集中的进程中有一种宿命的灾难。这是当前我们难以找到一种欧洲的冲劲、文化、活力的原因。没有能力促发一种联邦事件（欧洲），一种本土事件（去中心化），一种种族或多种族事件（混合性）。由于太过纠缠于我们自己的历史，我们只能生产出一种令人羞愧的向心性（一种"科洛西美乐"式的多元主义）[①] 和一种令人羞愧的杂乱状态（我们的软性种族主义）。

实现了的乌托邦的原则解释了在美国生活中形而上学和想象的缺席，另外也解释了它们的无效。它在

---

① 科洛西美乐，或指法国导演皮埃尔·谢纳尔（Pierre Chenal，1904—1990）于1948年执导的法国喜剧电影 Clochemerle。

美国人身上创造出了一种不同于我们的对现实的感知（perception）。在这里现实与不可能没有联系，而任何失败都不会让人质疑。在欧洲被思考的东西在美国变成了现实——在欧洲消失的一切都在三藩市重新出现！

然而，实现了的乌托邦的看法是一种自相矛盾的悖论看法。如果说否定性、讽刺、崇高控制着欧洲的思想，这支配美国的思想的就是悖论，这是一种完成的物质性的悖论式的幽默，这是一个始终是新的事实的悖论式幽默，是我们总是惊讶的既成事实的合法性中的某种新鲜感的悖论式幽默，这是对事物的一种天真的可见性的幽默，而此时，我们则在似曾相识（déjà-vu）的奇特的不安和历史阴森的超验性中发展着。

我们指责美国人既不会分析，也不会概念化。但这是对他们的错误责备。这就是我们，我们认为一切在超验性中达到最高点，并且认为任何事物若没有以概念的形式思考就不存在。他们不仅对此几乎毫不在意，而且他们的观点是相反的。不是把现实概念化，而是把概念现实化，把理念物质化。18 世纪的宗教和启蒙道德的理念当然在内，同样，梦、科学的价值、性的倒错也在其间。把自由物质化，同样也把无意识物质化。我们的空间和虚构的幻觉（phantasmes），同时还有真诚和美德的幻觉，或者技术的狂热——这一切我们所梦想的在大西洋这边都有机会实现超越。他们从理念出发建造了现实，我们把现实转化成了理念，或者意识形态。在这里，只有生产出来或显现出来的东西才有意义，对我们来说，只有思想着的或隐藏着的东西才有意义。在欧洲，即使唯物主义也只是一种理念，这要是在美国，就要在事物的技术运作中，在思想方式转换成生活方式的运作中，在生活的"运转"（tournage）中——正如人们在拍摄电影时说："开拍"（Action）！然后摄像机开始运转（tourner）——它才可以具体化。当然，因为事物的物质性，就是它们的电影摄制术。

美国人相信事实（faits），不相信人为（facticité）。他们不知道事实即是人为的，正如它的名称所表明的那样。〔法语的事实（fait）和人为（facticité）意思及词形相近〕。正是这种对事实的信仰，对正在发生或所看到的事情的完全的信任，无视人们可能称为表象（l'apparence）或表象的游戏的东西，正是这种事物的实用主义的明见性：面孔不具欺骗性，行为举止不具欺骗性，科学进程不具欺骗性，任何事物都不具欺骗性，没有什么事物是模棱两可的（而实际上确实如此：任何事物都不具欺骗性，没有谎言，"只有仿真"，它恰恰是事实的人为性），正是在这个意义上，美国因其对既成事实的信仰，因其推理的天真性，因其对事物的邪灵的无知，因而是一个真正的乌托邦社会。必须是个乌托邦主义者，才能想象在一个人类秩序里，无论它是何种秩序，事物都有可能如此天真。所有别的社会都被打上了各种烙印——一种一般化的异端，或一种一般化的分裂，或一种一般化的对现实的怀疑，或对一种邪恶的意志以及这种意志通过魔法的力量的展现的迷信，或对表象的力量的信奉。这里则没有分裂，没有怀疑，皇帝没有新衣，事实就在那里。众所周知，美国人对黄种人很着迷，在他们身上，他们预感到有一种高级形式的诡计，和高级形式的真理的缺席，而后者正是他们所害怕的。

这是真的，对共同体的讽刺在这里是缺席的，同样，社会生活的愉悦在这里也不存在。风度举止的内在魅力，社会关系剧场的内在魅力，在对生活和生活方式所制作的广告中，一切都转向了外部。这是个不知疲倦地为自己辩护的社会，或永远为自己的存在寻找正当性的社会。一切都必须被公之于众：人们的价值，人们赚到的钱，人们怎么生活——没有地方可以玩更为微妙的游戏。这个社会的"外貌"（look）是一种自我宣传（autopubliàtaire）。美国国旗是最好的见证，它无所不在，它在种植园，在居民区，在加油站，在墓地的坟墓的上空飘扬，不是作为英雄的标志，而是作为一个知名品牌的商标。它只是那个最优秀、最成功的跨国企业的标签：US。正因如此，超级写实主义者们（les hyperréalistes）

能够天真地描绘它，既不带讽刺也不带抗议［60年代的吉姆·戴恩（Jim Dine）①］，正如波普艺术以一种愉悦将消费品的惊人的平庸性搬到画布上一样。在吉米·亨德里克斯（Jimi Hendrix）②对美国国歌的激烈的戏仿中也没有什么特别的。人们能从中揭示出的一切，就是对平庸事物的轻微嘲讽和一种中性的幽默，是五米长的广告牌上的活动房屋和巨型汉堡的幽默，这一大众化和超级的幽默是美国的氛围所特有的，事物在其中如同被赋予对待自身的平庸的某种宽容。但它们同时也能宽容对待自身的疯狂。从更普遍的意义上看，它们并不追求标新立异，它们就是标新立异的。它们拥有这种怪诞色彩，构成了日常的非同寻常的美国，这一怪诞色彩不是超现实主义的（超现实主义仍然是一种美学的怪诞，其灵感非常欧洲），不，在这里，怪诞已进入事物中。疯狂在我们身上是主观的，在这里已经变成客观的了。讽刺在我们身上是主观的，在这里也变得客观了。幻觉效果和过度（l'excès）在我们身上是精神和心理功能的主观性，在这里已经进入了客观的事物中。

---

① 吉姆·戴恩（Jim Dine，1935—　），美国波谱艺术家，喜用日常物品进行创作，如童话人物匹诺曹，浴袍，纽扣等。

② 吉米·亨德里克斯（Jimi Hendrix，1942—1970），美国著名乐手，吉他手。曾于1969年在伍德斯托克音乐节上用吉他演奏美国国歌《星条旗》（*The Star-Spangle Banner*）时，用吉他模拟各种战争武器的声响。

　　无论美国或其他任何地方的日常生活有多么无聊、乏味，美国的平庸（la banalité）总是比欧洲，尤其比法国的平庸要有趣一千倍。可能因为这里的平庸产生于极度辽阔的幅员，产生于广延的单调性，产生于彻底的无文化状态。它土生土长于这里，正如其反面的极端，这就是速度，垂直性，接近于放纵的出格的言行，近乎不道德的价值观的冷漠。而法国的平庸是一种资产阶级日常生活的排泄物（déjection），产生自一种贵族文化的终结，蜕化成了小资产阶级的矫揉造作，在整个19世纪，这一资产阶级就像驴皮那样，变得越来越小。一切都在于此：正是资产阶级的死尸把我们分开。在我们这里，资产阶级是平庸染色体的载体，而美国人则成功地在现实和财富的物质标志中保留了一种幽默感。

　　这也就是为什么欧洲人会把所经历的一切都归之于犹如一种不幸的命运的统计学，他们立即读懂了他们个体的失败，并逃避到对定量的一种紧张的挑战中。相比之下，美国人认为统计数字是一种乐观的激励，代表着他们的好运气，代表着他们作为大多数之一的喜悦。他们的国家是唯一一个可以毫不顾忌地赞美数字的国家。

　　事物在其平庸性中所表现出的宽容和幽默，美国人将其作为对待他们自己与他人的方式。他们具有一种可爱的智力行为，一切都温和亲切。他们并不追求被我们称为智慧（l'intelligence）的东西，也不会觉得受到别人的智慧的威胁。对他们来说，这只是一种独特的才智（esprit）的形式，人不应该过度将自己暴露于其中。因此，他们不会本能地想到去拒绝或澄清，他们的自然行为是赞同。当我们说"我同意你的意见"时，这是为了随后反对一切。而当美国人说他同意的时候，这是因为，坦白地说，除此之外，他别无想法。但常常，他会通过事实，统计或经验来确认你的分析，实际上，他去除了后者所有的概念性价值。

这种不乏幽默感的自我宽容表明了一个对自身财富和力量自信满满的社会，而从某种意义上说，这个社会可能内化了汉娜·阿伦特（Hannah Arendt）的表述，根据她的表述，美国革命同欧洲所有的革命都相反，它是一次成功的革命。但即使是一次成功的革命，也有它的牺牲品和献祭的象征。正是在肯尼迪谋杀案之上里根最终确立了当前的统治。这起谋杀案一直没有得到昭雪，也没有被调查清楚，而原因自然不必明说！更不要提对印第安人的谋杀了。肯尼迪谋杀案背后的力量依然主导着当今的美国。我说这些不仅为了解释这个社会的放纵，也为了解释这个社会自我宣扬（autopublicitaire）、自我证明（autojustificatrice）的暴力，这种有必胜信念的暴力是诸多成功的革命的组成部分。

托克维尔热情地描述了民主和美国宪法的好处，赞扬了这种生活方式的自由灵感，习俗的平和（而不是地位的平等性），社会道德（而不是政治）组织的至高无上。然后，他又同样清晰地描述了印第安人的灭绝和黑人的状况，却始终没有对比这两种现实。仿佛善和恶是分开来发展的。人们能不能在强烈地感觉到彼此的同时，撇开它们的关系不谈呢？当然，而且在今日悖论是一样的："我们永远无法解开伟大事物的负面基础和伟大事物自身之间的关系的谜团。"美国是强有力的、独创的，美国是暴力的、令人生厌的——既不应该寻求抹杀一方或另一方，也不应该寻求令双方和解。

但是，这种悖论性的伟大，这种托克维尔所描绘的新世界的这个原初情境（situation originale）如今怎样了？这种美国的"革命"，它由很好理解的个人利益和很易缓和的集体道德的动态的解决构成，如今怎样了？这个问题在欧洲没有得到解决，因此，在整个19世纪期间，它一直在提供一个历史的、国家的和（美国人并不知晓的）国家消失的问题。那个在托克维尔笔下逐渐显露的挑战：国家能在所有个体的平庸的利益（l'intérêt banal）的唯一的基础上达成一个伟大的契约吗？这个挑战如今怎样了？可不可能存在一个平等且平庸（在利益、权利和财富层面）的契约，而仍然保留了一种英雄主义的和原初的维度呢？（因为，没有英雄主义维度的社会是怎样的社会呢？）简而言之：新世界信守它的承诺了吗？

它为自由的好处奋斗到底了吗？或者说它只是为平等的坏处奋斗到底了？

最常见的是，人们将美国力量的辉煌归功于自由及其对自由的运用。但自由本身不产生力量。自由被构想为公共行为，被构想为某个社会关于它自身事业和价值的集体话语，但确切地说，这种自由已消失在个体的品行作风的解放和骚动（l'agitation）中（骚动，众所周知，是美国人主要活动中的一种）。因此，更确切地说，这是平等及其结果作为发电机发挥作用。这就是托克维尔曾在一个精彩的格言中提及的平等："这就是我指责的平等，不是它把人们引入对被禁止的享乐（jouissances）的追逐，而是它令他们全都陷入了对被许可的享乐的寻求中"，就是它，令地位和价值得到现代意义上的平等化，就是它，对待特征和性质以无差别化（l'indifférence），它由此偿付并释放了这种力量（la puissance）。这就是围绕着它重新绘制的托克维尔的悖论，也就是说，美国人的世界既趋向于绝对的无意义（一切事物都趋向于在力量中互相平等和彼此抵消），同时也趋向于绝对的独创性（l'originalité）——今天比150年前更甚，因为地理上的扩展令效果得到成倍增加。一个因平等、平庸和无差别不可遏制的发展而变得绝妙的世界。

这种整体的活力，这种废除差异的动力，令人激动，而正如托克维尔所说，它向人类社会的理解力提出了一个新问题。此外，我们会很诧异地看到，美国人在两个世纪以来变化不大，至少远远少于卷入 19 世纪政治革命的欧洲，而美国人经由海洋距离的保护，这相当于是在时间上的一种隔绝，让他们完好地保存了 18 世纪人的乌托邦式的和道德的观点，甚至 17 世纪清教徒教派的观点，他们被移植和永久保存在历史突变的避难所中。这种清教徒的道德的滞后，是流放的滞后，这是乌托邦的滞后。我们为此指控他们：为什么革命没有在这里，在这个新国家，在这个自由的国家，这个资本主义的先进堡垒里发生？为什么"社会""政治"，我们所偏爱的这两个范畴在这里的影响如此之小？这就是：社会的和哲学的 19 世纪并没有跨越大西洋，而这里的事物始终生活在乌托邦和道德中，生活在对幸福和风俗习惯的具体的观念中，在欧洲，所有的事物走向了一种历史转变的"客观"的概念中。我们正是从这一视角出发来指责美国人的历史天真性和道德伪善性的。但这仅仅是，在他们的集体意识中，他们更接近于 18 世纪的思想模式，也就是乌托邦思想和实用主义，而不是那些被法国大革命所强加的意识形态和革命的东西。

宗教团体在这里为何能够如此强大且如此有活力？种族、机构和技术的混合，本该在很久以前就已经把它们一扫而光了。但是，正是在这里这些宗教团体保存了它们源头的鲜活的形式和实用的天启论，以及它们在道德上的痴迷。从某种意义上说，他们的被拓展到整个美国的微观模型。从一开始，宗教团体在通向实现的乌托邦的道路中——它相当于付诸行动的道路——就扮演了最重要的角色。他们靠乌托邦思想生活（天主教会将乌托邦视作潜在的异端），并且他们努力促使上帝的王国尽快降临世间，而天主教会则遵循对救赎的希望和信望爱这样的神学的美德上。

就好像整个美国都信奉宗教团体的这种命运：所有救赎的前景的即刻具体化。特殊的宗教团体的激增应该不会让我们上当：重要的事实是，整个美国都通过宗教团体的道德制度（l'institution morale）关联了起来，它对赐福的即刻需求，它的物质功效，它的辩解冲动，并且可能也通过它的疯狂和诡妄关联了起来。

如果美国失去了对自身的这种道德观点，它将会崩溃。这对欧洲人来说可能并不那么显而易见，因为对他们来说，美国是一种玩世不恭的力量，它的道德是一种伪善的意识形态。我们不愿意相信美国人对他们自身的道德观念，但我们错了。当他们严肃地寻思为什么别的民族厌恶他们时，如果我们发出微笑那就错了，因为正是同一种询问，令各式各样的"水门事件"成为可能，也使电影和媒体上对他们自己的社会的腐败和缺点的无情揭露成为可能——这种自由是我们可能嫉妒会他们的，我们的社会才是真正伪善的，在其中，保密和体面，资产阶级的矫揉造作，始终掩盖在个人和公共事务之上。

托克维尔的主要看法是，美国精神存在于其生活方式中，存在于其风俗习惯的革命中，存在于其道德革命中。这不会创立一种新的合法性，也不会创立一个新的国家，但会创立一种实用的合法性：生活方式的合法性。救赎不再与神或国家的地位有关，而是与实用的组织的理想化形式有关。为此，需要追溯到新教徒的教谕吗？这一教谕涉及信仰的世俗化，以及日常生活的规训中对神的管辖权的吸纳。事实是，例如，宗教已经进入了习俗之中，这使得它不能再受到质疑，或者它的根基不再能受到质询，因为它不再拥有超验的价值。这就是作为生活方式的宗教。同样地，政治也进入了习俗之中，作为实用主义的机器，作为游戏，作为互动作用，作为景观，这使得它不能再确切地被从政治的视角来评判。不再有意识形态的或治理的哲学的原则，这既更为天真，同时也更符合形势。这并不意味着没有策略，但这是模态策略（stratégies modales），而不是终极的。性本身已进入习俗之中，这意味着它也不再拥有超验价值，既不能作为禁忌，也不能作为分析、愉悦或越界的原则。它已经被"生态化"（écologisée）、心理化、世俗化，供家庭所用。它已进入生活方式之中。

习俗的优势，生活方式的霸权表明，法律抽象的普遍性让位于交换的具体的规则。法律不是两愿的（consensuelle）：你被假定了解并服从它。但是，不服从也会给你带来荣誉，而历史同时由对法律的赞美和不服从法律的人构成。相反，美国体系中令人震惊的是，不服从并不带来荣誉，越界或例外也不会带来威望。这就是著名的美国式的循规蹈矩（conformisme），我们在其中看到的是一种社会和政治的软弱性的标志。但这是因为，在这里，协定的达成，与其说在一种抽象的立法之上，不如说是在一种具体的规则之上，与其说是在一个正式的机构之上，不如说是在非正式的条文之上。脱离一个规定，驳斥一个判决，这意味着什么呢？必须理解美国习俗这一约定俗成的、实用主义的连带责任，它建立在某种道德协约之上，而不是建立在社会契约基础上，并且人们与其将它比作任何人都可以违反的交通法规，不如将它比作控制高速公路上汽车交通的共识。这种一致性（conformité）使美国社会接近于原始社会，在其中，通过不服从集体仪式令自己在道德上区别于他人是荒谬的。因此，这种循规蹈矩的特征并不"天真"：它是某个习俗层面的协约的结果，是一整套规则和条文的结果，后者作为运行的原则，假定了某种几乎自发的参与。而我们则是靠对我们自己价值体系的同样仪式化的不服从来生活。

这种"循规蹈矩"是某种自由的反映：偏见和自负的缺席的自由。人们可能会提出，美国人偏见的缺席是与他们判断力的缺席连在一起的。这是不公平的，但总之，为什么我们的解决方法不选择这种轻便的却宁愿选择沉重的和自负的呢？看看这个在客房为你服务的女孩吧：她是完全自由的在做事，她面带微笑，没有偏见，也不自负，仿佛她正坐在你对面。这些事情并不是平等的，但她并不追求平等，因为平等已经在习俗中获得。与萨特的咖啡馆里的男服务生恰好相反，后者已经完全疏远他的表现，而只能通过使用一种戏剧化的元语言（un métalangage théâtral），通过手势假装用一种他不享有的自由或平等，来化解这种情境。他的行为的不愉快的理智即由此而来，在我们这里，这种理智几乎是所有社会阶层所共有的。这个习俗中的平等问题，习俗中的自由问题，在我们的文化中，从来没有得到解决，甚至没有被真正提出过，得到提出的只有平等的政治或哲学问题，而且这一问题把我们送回永恒的自负中。在美国——这个问题是陈词滥调——人们惊讶于社会地位近乎自然地被遗忘，人际关系的轻松自在和自由。他们的轻松自如显现给我们的可能是平庸或粗俗，但它永远不会是可笑的。我们的矫揉造作才是可笑的。

只需看看一个法国家庭是如何在加利福尼亚的沙滩

安营扎寨的，就可以感受到我们的文化惹人厌恶的重量。美国人的群体是保持开放的，法国人的小集团则立即给自己制造了一个封闭空间，美国小孩抢占了大海，法国小孩则围绕在他们的父母周围。美国人关心的是始终要有冰块和啤酒，法国人则关心的是优先权和戏剧化的舒适。很多人在美国人的沙滩上四处走动，法国人则在他的沙土领地上安营扎寨。法国人假装在度假，但他守卫着小资产阶级空间的平庸状态。然而，人们可以对美国人说任何话，却不能说他们是平庸的或小资产阶级情调的。他们的确没有贵族的优雅，但他们拥有对空间的自在感，拥有那些始终都拥有空间的人的那种自在感，而这些取代了他们的礼仪或贵族的营地。对空间的支配权赋予了他们以身体上的自在感，并轻易地补偿了他们在面孔和性格方面的缺陷。粗俗，但是平易近人。我们的文化是混杂的，它给予了礼仪和矫揉造作，他们拥有一种空间的民主的文化。我们在精神上是自由的，但他们在行动上是自由的。在沙漠或国家公园里四处走动的美国人并不给人在度假的印象。四处走动是他的天然本性，而自然是一种行动的边疆和场所。这里没有占据我们自由时间的无精打采的浪漫主义和高卢–罗马人的平静。这里没有我们那种由"人民阵线"（le Front Populair）发明的"假日"标签：这种从国家手里争夺来的自由时间的那种令人沮丧的气氛，带着一种平民的情感和对辛苦赢

得的空闲那种戏剧性的担忧被消费。自由在这里没有静
态或否定的定义，它的定义是空间的和移动的。

所有这一切的伟大教训就是，自由与平等，正如自
在与优雅，都是事先给定的存在。这就是民主的戏剧性
变化：平等是开始，而不是结束。这是造成民主主义
（la démocratie）和平等主义（l'égalitarisme）之间区别的
因素：民主主义意味着以平等为出发点，而平等主义意
味着以平等为终点。"民主要求所有的公民以种族的平等
为开端。平等坚持他们所有人结束于平等。"

然而，当没有人再受评判也不被偏见困扰时，于是
便产生了一种更大的宽容，但同样也是一种更深的冷漠。
因为不再寻求他者的目光，他们最终也互相看不到对方。
于是人们在街上相逢不相望，这看起来似乎是谨慎和礼
貌的标志，但同样是冷漠的标志。至少冷漠不是假装出
来的。这既是一种品质，也是品质的缺席。

当我谈论美国的"生活方式"时，这是为了强调
它的乌托邦精神，神秘的平庸性，梦想和伟大。这种
哲学不仅内在于技术的发展，也内在于技术在自身过
度的游戏中的超越，它不仅内在于现代性，也内在于
现代形式的宏大规模（无论是纽约的垂直网络，还是
洛杉矶的水平网络），它不仅内在于平庸性，也内在于
平庸性的启示录式的形式中，它不仅内在于日常生活

的现实性（réalité），也内在于这种生活的超真实性中（l'hyperréalité），这种生活，从它的原样来看，呈现出了虚构的所有特征。正是这种虚构的性质让人兴奋不已。但虚构不是想象。这是说它通过实现想象来预测想象。这与我们的行动截然相反，我们总是通过想象现实来预测现实，或通过理想化现实来逃避它。这就是为什么我们永远不会置身于真正的虚构中的原因，我们注定只能拥有想象和对未来的怀念。而美国的生活方式，它是一种自发的虚构，因为它是在现实中对想象的一种超越。

虚构也不是一种抽象，如果说美国在抽象方面有所欠缺，这种无能在普通美国人的未开化的现实中，在日常生活的神化中，在令我们如此吃惊的经验主义的天赋中，披上了一层荣耀的形式。可能这一成功的革命，它的成功已经不完全是托克维尔所理解的那种成功，即作为公共精神的自发运动的成功，作为具有现代价值的习俗的安排的自发和具体的形式的成功。与其说应该在体制的运作之中寻找美国现实的辉煌形式，不如说应该在技术和影像的解放中，在影像不道德的活力中，在财产和服务的狂欢中，在力量和无用的能量（然而，谁能说出有用的能量停留在哪里呢？）的狂欢中寻找它，在这一切之中，广告精神远比公共精神耀眼夺目。但是，归根到底，这些是解放的特征，而这个社会的猥亵性

（l'obscénité）本身是它的解放的符号。所有效果的解放，其中某些是完全过度和卑鄙的，但确切地说：解放的顶点，它的逻辑的结果，恰恰就在于壮观的狂欢之中，在速度之中，在变化的瞬时性中，在普遍的离心性中。政治在壮观的全面的广告效应中解放自身；性在其所有的反常和倒错（包括对性的拒绝中，这是最新的时尚，而它只是性解放的一个过度冷却的结果）中解放自身，风俗、习惯、身体和语言在时尚的加速中解放自身。被解放的人不是在其理想的现实中，在其内心的真实或透明中获得解放的人——被解放的是根据时尚而不是道德改变性别、服饰和习俗或四处流动的人，根据民意调查而不是内在的良心改变主意的人。这才是实用的解放，不管我们喜不喜欢，也不管我们是否哀叹它的浪费和猥亵。此外，"极权"国家的人们非常清楚这才是真正的自由，他们梦想的只是这些：时尚、典范、偶像、影像游戏、为旅行而旅行、广告、铺天盖地的广告。说白了，就是狂欢。但不得不说，正是美国具体化、技术化地实现了这种解放的狂欢，这种冷漠的、分离的、炫耀的、流通的狂欢。我不知道托克维尔所提到的成功革命，即政治自由和公共精神的品质（在这方面，今日美国同时提供了最好的和最坏的典型）的成功革命还剩下些什么，但美国肯定已成功实现了这种革命，与此同时，我们则在我们的历史性革命、我们的抽象性革命失败之后，现在同样在此过程中也将错失这另一场革命。对于这些现代性的合逻辑的结果，这些生活方式革命的合逻辑的结果，直至其各种过度，无论我们愿不愿意，我们都在一种着迷又怨恨的混合情绪中，吸收了其顺势疗法的剂量。在欧洲，我们徘徊在对差异的崇拜中，因此同建立于无差异基础上的彻底的现代性相比，我们是不利的。我们不情愿地变得现代和无差异，这就是我们的现代性如此无精打采的原因，这就是我们的事业缺乏现代的天赋的原因。我们甚至没有现代性的邪灵，后者会把革新推至荒谬过度的地步，并由此重新找到一种梦幻般的自由。

所有在革命和恐怖标志下在欧洲被英勇上演和摧毁的东西，都以最简单和最经验主义的方式（财富、权利、自由、社会契约、代表制的乌托邦），在大西洋彼岸得到了实现。同样地，我们在反文化的、意义的颠覆的、理性的毁灭和表征的终结的激进标志下所梦想的一切，这一曾在欧洲引发了如此多理论与政治、美学与社会的动乱，而从未真正实现（1968 年五月风暴是最后一个例子）的反乌托邦，这一切都在这里，在美国，以最简单和最彻底的方式得到了实现。人们在这里实现了乌托邦，而且正在实现反乌托邦（l'anti-utopie）：这是去理性（déraison）的反乌托邦，去领土化的反乌托邦，语言和主体的不确定性的反乌托邦，一切价值的中立状态的反乌托邦，文化的死亡的反乌托邦。美国实现了一切，而且它是通过经验主义和未开化的方式来进行的。我们所做的只是梦想，偶尔付诸行动——美国，它则是从所有可能被构想的事物中获得了逻辑的、实用主义的结果。从这个意义上说，它是天真的和原始的，它对概念的反讽一无所知，对诱惑的反讽也同样一无所知，它并不讽刺未来或命运，它实施，它使事物物质化（matérialise）。面对乌托邦的激进性，它反对经验主义的激进性，唯有它才能戏剧性地使这种经验主义的激进性具体化。我们对诸多事物的终结进行着哲学的探讨，但这里才是事物走向终结的地方。这里再也没有领土（但恰好有一片非常神奇的空间），这里，真实和想象已经走向终结（向所有的空间打开了仿真的大门）。因此应该在这里寻找我们的文化的终结的理想类型。这种美国的生活方式，这种被我们认为天真或毫无文化的生活方式，它将以一种乌托邦的地理和精神维度所赋予其的规模，为我们的价值的终结——在我们的国家一直徒劳无益地预言着——提供一份完整的分析图表。

那么，这就是一个实现了的乌托邦，这就是一种成功的革命吗？哦，是的，没错！你希望的一种"成功的"革命是什么样子呢？这就是天堂。圣塔芭芭拉是个天堂，迪士尼乐园是个天堂，美利坚合众国是个天堂。

天堂就是它所是的样子，它可能是阴森的、单调的和肤浅的。但这就是天堂。不存在别的天堂。如果你接受了从您的梦想中获得的结果，不仅是政治和感情的梦想，同样也包括理论和文化的梦想，那么，即使在今天，你也应该带着与发现新世界的那几代人同样天真的热情来看待美国。美国人正是带着同样的热情来看待他们自己的成功，他们自己的野蛮和他们自己的力量的。否则，你根本无法理解，而且你也无法理解你们自身的历史，或你们的历史的终结。因为欧洲已经无法再从自身出发来理解自己。美利坚合众国更为神秘：美国现实的神秘超越了我们的虚构和我们的阐释。某个社会的神秘性并不寻求赋予自己一种意义或一种身份，它既不为自己提供超验性也不为自己提供美学，而且，恰恰出于这个原因，它在自己的建筑中发明了唯一伟大的现代的垂直性，这些建筑在垂直秩序中，是最宏伟壮丽的，但它们并不服从超验性的规则，它们是最神奇的建筑，但并不服从美学的、超现代的（ultra-modernes）、超功能的（ultra-fonctionnels）法则，但带有某种非思辨的，原始的和未开化的东西——一种文化，或如同这样的无文化（inculture），对我们来说是一个谜。

内省、反思、概念观照下的意义的效果，我们对这一切都很熟悉。但是，去除其概念的物体，自由地在一切结果的外向性和同等性中展开自身的物体，这就是谜一般的东西。外向性对我们来说是神秘的——恰如商品对马克思一样：现代世界的象形文字，它恰恰因为外向而神秘，是在纯粹的运作和纯粹的流通中实现自身的形式（卡尔·马克思，你好！）。

从这个意义上说，整个美国对我们来说就是个沙漠。文化在这里处于未开化状态：因为一字不差的誊写为现实，它牺牲了智力和全部的美学。它可能是在走向处女地的最初的离心行动中赢得这种未开化状态的，但也有可能是在不经意间走向被其消灭的印第安人的行动中赢得这种未开化状态的。死去的印第安人仍然是这些原始机制的神秘保证人，直至影像和技术的现代性的时期。或许那些自认为已经消灭了印第安人的美国人，仅仅只是传播了他们的病毒？他们开辟，标记，横穿了高速公路的沙漠，而因为某种神秘的互动作用，他们的城市呈现出了沙漠的结构和色调。他们没有消灭空间，只是通过消灭它的中心恢复了它的无限（因此众多延展的城市是无限的）。由此，他们开启了一个真正的虚构的空间。在"野性的思维"中 ①，没有自然的宇宙，也没有人类的或自然的或历史的超验性——文化是一切，或者什么都不是，如同人们的愿望。这种无差异性在现代仿真中重

① 此处应指列维·施特劳斯于 1962 年出版的《野性的思维》（*La Pensée sauvage*）。

新达到了顶峰。在这里，也没有自然的宇宙，而你无法将沙漠和大都市区分开来。并不是说印第安人无限地接近自然，美国人也并非无限地远离它：这两者，一方与另一方都属于这种自然的理想，正如它们都属于文化的理想一样，同时两者都同等地与自然和文化的理想没有关联。

这里没有文化，没有文化的话语。没有内阁，没有委员会，没有补助金，没有促销。文化的颤音，它也是整个法国的文化的颤音，这种遗产的拜物教——在这里没有我们那种多愁善感的祈祷，而且后者也在今天成为：国家主义的和贸易保护主义的。波堡区（Beaubourg）[①] 在这里是不可能存在的，同样它不可能存在于意大利（因为别的理由）。不仅集中化不存在，而且那种有教养的文化的观念也不存在，也不必说神学的和神圣的宗教的观念了。没有关于文化的文化，没有关于宗教的宗教。更确切地说，"人类学"的文化是由习俗和生活方式的发明组成的。唯有这种文化是让人感兴趣的，正如在纽约，唯有它的街道，而非它的博物馆是有趣的。甚至在舞蹈、电影、小说、虚构的故事、建筑中，这些美国所特有的事物都带有未开化的某种东西，后者没有经历我们资产阶级文化的富丽堂皇和咬文嚼字、修辞化和

---

① 波堡（Beaubourg），巴黎艺术文化中心区，有蓬皮杜艺术中心等。

戏剧性，也没有得到由文化差异带来的缤纷色彩的精心装扮。

在美国，文化不是我们欧洲人在神圣的精神空间所消费的那种可口的灵丹妙药，它们在报纸上和人们的脑海中都有自己的专栏。文化是空间、速度、电影、技术。这种文化是真实可信的，如果人们可以这样说的话。不是附加的电影、附加的速度、附加的技术（在欧洲，人们到处都能感觉到这种被添油加醋的、异质的、时代错乱的现代性）。在美国，电影是真实的，因为被电影化的是整个空间、整个生活方式。我们所哀叹的这种断裂和抽象化并不存在：生活就是电影。

这就是为什么研究艺术作品或文化气息浓郁的演出，在我看来，似乎总显得枯燥乏味和不合时宜。一种文化的种族中心主义的标志。如果这种无文化是独创的，那么这就是人们应该抓住的无文化。如果品味一词有意义，那么它会控制我们不要把我们的美学要求输出到与它们毫不相干的地方。当美国人把我们的罗马式回廊迁移到纽约的科洛斯特（Cloysters）时[1]，我们不会原谅这一不合情理的行为。让我们同样不要迁移我们的文

---

① 科洛斯特（Cloysters/Cloisters），位于纽约曼哈顿北部，即大都会修道院博物馆（The Met Cloisters），主要展览中世纪艺术和建筑，其建筑由从法国运回的五座中世纪修道院的构件组装而成。

化价值。我们无权制造混乱。他们在某种程度上有权这样做，因为他们拥有空间，而且他们的空间是其余一切事物的折射。当保罗·盖提（Paul Getty）在马利布，在太平洋海岸边一幢庞贝风格的别墅里，把伦勃朗、印象派画家和希腊雕像重新集中到一起时，他遵循的是美国的逻辑，是迪士尼乐园的纯粹的巴洛克逻辑，他是富有创意的，这是一个犬儒主义的、天真的、媚俗的和非有意为之的幽默的奇妙举动——某种因无意义而令人吃惊的东西。然而，媚俗和超真实之中美学和高贵价值的消失是令人着迷的，正如在电视节目中，历史和真实的消失令人着迷一样。应该从这种价值的未开化的实用主义中获得一点愉悦。如果你一心只关注你想象中的博物馆，那么你就会与精髓失之交臂（它恰恰是无关紧要的）。

　　广告打断电视台播放的影片，这诚然有悖良好习俗，但它们也合情合理地强调，大部分电视节目甚至从来没有达到过"美学"的水准，而它们在实际上和广告是一丘之貉。大部分影片，而且为数还不少，都是以同样的日常生活罗曼史为题材的：汽车、电话、心理学、化妆品——生活方式的纯粹而简单的说明。广告没做别的事情：它通过影像把生活方式封圣，使其变成了真正的集成电路。而如果电视上播放的一切不加区别地构成了低卡路里，甚至无卡路里的摄生法，那么我们抱怨广告有什么用呢？广告因其一无是处，更确切地衬托出了围绕着它的文化水平。

这里的平庸、无文化、庸俗所具有的意义与欧洲不同。或者这只是欧洲人的一种感悟，对一个不真实的美国的迷恋？或许他们真的很庸俗，而我只是做梦梦见了这种元庸俗（métavulgarité）？谁知道呢？我很想重启这一著名的打赌：如果我错了，你将不会有任何损失，如果我对了，你将赢得一切。事实是，某种平庸、某种庸俗在欧洲好像是不可接受的，在这里我们似乎更很容易接受：令人着迷。事实是，我们依据异化、陈规、均一性、去人性化（déshumanisation）所作的所有的分析都自行坍塌了：从美国的角度来看，它们是变得庸俗的分析。

为什么类似这个段落［来自 G. 法耶（G. Faye）］[①]既是正确的，同时又是绝对错误的呢？"加州作为我们的时代完全的神话而让人接受……多种族性，技术霸权，'精神'（psy）自恋，都市犯罪和沉浸视听设备：作为超级美国，加州以正宗欧洲的绝对反题而让人接受……从好莱坞到甜腻摇滚（rock-sirop），从《外星人》(E.T.)到《星球大战》(Star Wars)，从大学校园里伪抗议者（pseudo-contestataires）的急切渴望到卡尔·萨根（Carl

---

① G. 法耶，Guillaume Faye（1949—2019），法国和欧洲新右翼知识分子。

Sagan）①的胡言乱语，从硅谷的新诺斯替教徒到风帆冲浪运动的盲目崇拜者，从新印度教的上师到有氧运动法，从慢跑到作为民主形式的精神分析治疗，从作为精神分析形式的犯罪到作为专制实践的电视，加州已经奠定了自己的地位，它是拟像和不真实的世界根据地，是'冷酷'的斯大林主义的绝对的合题。作为一块'歇斯底里'的土地，作为去根者（déracinés）聚集的焦点，加州是非历史（non-histoire），非事件（non-événement）的场所，但同时也充满时尚的蠢动及其不间断的节奏，也就是静止之中的颤动，这种颤动困扰纠缠着它，因为它无时无刻不受到地震的威胁。"

"加州没有发明任何东西：它从欧洲拿来一切，再将其歪曲利用，剥夺其意义，重新为其包上一层迪士尼乐园的金箔。甜蜜的疯狂的世界中心，我们的排泄物和我们的颓废的镜子，加州病（Califomitis），这一美国主义的狂热的变体，今天正在年轻人身上释放着自己，作为艾滋病的精神形式让人接受……为了抵御欧洲人的革命的焦虑，加州抛出了一长串伪装：在无仪式的大学校园中对知识的戏仿（parodie），在洛杉矶的星团中对城市和都市性的戏仿，在硅谷中对技术的戏仿，用萨克拉门托的温吞吞的葡萄酒来戏仿葡萄酒工艺学，用上师和教派

---

① 卡尔·萨根（Carl Edward Sagan, 1934—1996），美国天文学家和科幻作家。

来戏仿宗教，用'沙滩男孩'乐队来戏仿色情，用迷幻药（？）来戏仿毒品，用'社区'来戏仿社会性……没有一样东西，直至加州的自然，不是对古老的地中海风景的好莱坞式戏仿：海水太蓝（!?），山岭太荒芜，气候太温和或太干燥，无人居住的，失去魔力的，被神遗弃的自然：太过白亮的阳光下那不祥的土地，我们的死亡的僵化的面孔，因为这是千真万确的，欧洲死亡时，将会是在假日的阳光下，被晒成了棕褐色，面带微笑且皮肤温润。"

所有的段落里说的都是真的（如果人们愿意的话），因为文本自身正是它强加给加州的歇斯底里的陈词滥调的写照。另外，这段话可能隐藏了法耶对其对象的某种迷恋。但是，如果我们可以用同样的话准确地说出与法耶所说的相反的意思，这就正好说明法耶本人没能实现这一反转。他没有理解，在他所描绘的这无意义的尽头，在这无意义的"甜蜜的疯狂"的尽头，在这懒洋洋的和装了空调的地狱尽头，事物是如何翻转的。他没有理解这种"边缘的超验性"（transcendance marginal）的挑战，恰是在其中，每个世界都处于与其边缘，与其"歇斯底里"的仿真相对峙的局面——为什么不呢？为什么不能用洛杉矶来戏仿城市呢？为什么不能用硅谷来戏仿技术呢？为什么不能有对社会性、色情和毒品，乃至对大海（太蓝！）和太阳（太白！）的戏仿呢？更不必说博物馆和文化了。当然，所有这一切都是戏仿！如果所有这些价值无法承受被戏仿，这就意味着它们不再具有任何重要性。是的，加州（以及美国）是我们的颓废的镜子，但它却绝对不颓废，它拥有超真实的活力，它拥有拟像的全部能量。"这是不真实的世界根据地"——当然：正是这一点赋予了它的独创性和力量。这种拟像的力量的上升，你在这里不费吹灰之力就可以感觉到这一点。但是法耶曾经来过这里吗？如果来过，他会知道欧洲的关键不在于它所经历的过去，而在于对构成新世界的这种戏仿的和谵妄的预期。他没有认识到，美国的每个细节都可以是可鄙或无足轻重的，但是它的整体超越了想象——同样，他的描述的每个细节都可能是正确的，但它的整体超越了愚蠢的界限。

美国的新颖之处，在于第一层次（原始的和未开化的）和第三类型（绝对的拟像）的冲击。没有第二等级。这对我们来说是难以把握的局面，因为我们一直偏爱第二层次：自反性，双重性，不幸的意识。但是，如果不对这种翻转作出辩解，对美国的看法就是无效的：迪士尼乐园，这是真实的！电影，电视，这些都是现实的！高速公路，西夫韦超市，天际线，速度，沙漠，这才是美国，不是博物馆，不是教堂，不是文化……应该把它应得的赞美给予这个国家，而将目光转向我们自己的习俗的荒谬之处，这是旅行的益处和乐趣。为了看到和感受美国，必须至少有那么一瞬间，在某个市中心的丛林中，在多彩沙漠（Painted Desert）中或在某条高速公路的弯道上感觉到欧洲消失了。必须至少有那么一瞬间自我寻思："我们怎么可能是欧洲人呢？"

图9　罗纳德·里根

力量的终结?

50 年代是美国最强盛的时刻（"风起云涌之时"），人们总是可以感受到对那个年代的怀恋：当一个强权掌控另一个强权时，人们对力量的迷醉。70 年代，力量依然在，但魔咒已被打破。这是狂欢的时刻［战争，性，曼森（Manson），伍德斯托克］①。今天，狂欢结束。美国也像所有人一样，不得不面对一种疲软的世界秩序，一种疲软的世界局势。这是力量的无力（l'impuissance）。

但是，如果美国不再是当下世界力量的垄断中心，这不是因为它已经丧失了力量，而完全只是因为中心不再存在。更确切地说，它成为了某种想象的力量的轨道，一切都要以它为参照。从竞争，霸权和"帝国主义"的角度来看，它肯定已经失去优势，从指数的角度来看，它却赢得了优势：看看美元令人不解的升值吧，与经济

---

① 曼森，即查尔斯·曼森（Charles Milles Manson，1934—2017），60 年代末在加州出现的美国邪教组织曼森家族领袖，连环杀手。

图 10　戴牛仔帽的里根

的绝对优势不可相提并论，但同样也令人着迷，看看纽约地位的奇迹般上升，还有，为什么不看看《豪门恩怨》（*Dallas*）① 在全世界的成功。美国仍旧掌握着作为特殊效果的力量，不管这一权力是政治上的还是文化上的。

　　整个美国都按照里根的形象变成了加州人。曾经的演员，曾经的加州州长，他将西部人造天堂的电影化的和欣快的，外向性的和广告化的视角扩展到了全美维度。他使安逸的生活系统性地变成一种勒索，这复兴了实现

①　《豪门恩怨》，即《达拉斯》（*Dallas*，1978—1991），美国电视肥皂剧，以美国石油大亨的家族恩怨为题材，自 70 年代播出后，产生全球影响。

了的乌托邦在美国的原初协定。事实上托克维尔所描述的理想的结合似乎已经被拆解了：如果说美国人保留了对个人利益的敏锐意识，他们似乎并没有保存这种意识，即可以被集体地赋予他们的事业以意义的意识。这是当前危机产生的原因，这个危机是深刻的和现实的，它倾向于复兴一种集体理念，复兴一种价值，这种价值看似可以自发地引导行为，并表现为各种势力（forces）的理想结果。这是里根的成功，在一种障眼法中，他的事业令美国的原始场景起死回生。"美国又回来了"（America is back again）。美国被越战削弱，对他们来说，越战就像漫画书里小绿人的突然入侵一般令人难以理解，另外，他们也是以同样的方式远距离地对待越战的，就像它是一场电视上的战争，他们不明白世界对他们的谴责，因为他们是善的实现了的乌托邦，面对那些谴责他们的人，他们逃到了舒适生活的庇护中，逃到了一种胜利的幻觉中。这也完全是加州式的，因为实际上，加州并不总是晴天，在这里，雾气常常与阳光嬉戏，或与洛杉矶的烟雾嬉戏。然而，你会保留一个充满阳光的记忆，一个阳光灿烂的屏幕的记忆。这就是里根式的海市蜃楼。

美国人同其他国家的人一样，并不想思考他们是否信任他们的领导人的功绩，甚至不想思考是否信任力量（pouvoir）的真实性。因为这会把他们带到太远的地方。

他们更喜欢表现得好像充满信任，前提条件是人们得谨慎对待他们的信仰。今天，统治意味着给出一些可信度（crédibilité）的可接受的符号。这就像在广告中，而且人们获得的是相同的效果，融入某种剧情（scénario），不管是什么剧情，政治的或是广告的。里根的剧情两者兼有，这是个成功的剧情。

一切都在电影片头字幕中。既然社会已经被明确地被同化为一个企业，一切都在表演和事业的剧本大纲中，那么其领袖必须具有广告般"外观"的所有符号。最轻微的缺陷都是不可原谅的，因为这使整个国家受到了减损。疾病本身也能成为"外观"的一部分，正如里根的癌症。相比之下，政治上的软弱或愚蠢无足轻重。人们只根据形象做出评判。

这种对仿真的共识没有人们想象的那么脆弱，因为它很少受到政治真相的检测。我们所有现代的政府都应将一种政治的元稳定性（métastabilité）归功于对舆论的广告调控。衰退、丑闻、失败不再导向灾祸。关键是它们被变得有可信度，而且公众变得对人们在这种意义上所做出的努力很敏感。政府的"广告"免疫性（immunité）同知名洗衣粉的大品牌的广告的免疫性是相似的。

在所有国家，人们不再计算领导人所犯的错误，换言之，这些错误将会加速他们的灭亡，而在一个以冷漠为基础的政府与共识的仿真体系内，大家都能很轻松地处理这些问题。人民不再为他们的首脑而骄傲，而首脑们不再为他们的决定而骄傲。只需一丁点糊弄人的补偿，就可重建广告式的信任。在黎巴嫩发生三百人死亡事件后的格林纳达行动即是如此。无风险的剧情，精心策划的演出，人为的事件，确保的成功。另外，这两起事件，黎巴嫩和格林纳达，证明了政治的同样的非真实性：一个，是恐怖主义的，完全逃离了意志（volonté）的控制，另一个，完全是弄虚作假，则没能足够逃离意志的控制。从统治艺术角度看，两者都没有任何意义。它们在虚空中互相回应，这是对今日的政治舞台的定义。

在里根式的新一代人中，有着同样的自我宣传，同样的对可信度的追求，同样对电影片头字幕的崇拜。活力四射，欢欣鼓舞——或者更确切地说，充满活力，充满欢欣。幸福对他们来说不是一种新的观念，成功对他们来说不是一种不可抗拒的观念，因为他们已经拥有这一切。因此这些人不再是幸福和成功的斗士，而是幸福和成功的同情者。这是 60 和 70 年代产生的人，但他们已经摆脱了对那些狂野年代的所有怀念、所有内疚，甚至所有潜意识。仿佛经过整形美容手术一般，边缘化的最后痕迹也已被删除，新面孔，新指甲，抛光的神经元，乱纷纷的软件。这一代人既没有进取的野心，也没有受压抑的能量，但他们完美地重新中心化（recentrée），他们热爱商业，与其说是为了利益或声誉，不如说是将其当作了一种技术的表演和示范。他们到处围着媒体、广告和信息技术打转。他们不再是商业怪物，而是娱乐业的骑士，因为商业本身已成为娱乐业。"清洁和完美"。雅皮士。这个名称本身就发出这种愉快转换的声音。同上一代人相比，没有让人心碎的修正，仅仅是一种切除，一种健忘症，一种宽恕——某个太强大的事件之后有点不真实的遗忘。雅皮士不是反叛的变节者，这是一个自信的新种族，被赦免，被开脱，在表演中自在地发展，除了对变化和促销（对一切事物的促销：产品，人，研究，职业，生活方式！），对别的一切目标都保持着精神上的冷漠。人们本该以为，六七十年代的狂欢会让位于一个流动的和去魅（désenchantée）的精英阶层，但是，不：这个精英阶层，至少在为自己所做的广告中，希望将自己塑造成流动的，以及有魅力（enchantée）的形象。这一魅惑的形象是温和的：他们冲锋陷阵，但不全力以赴，不管是在商业上、政治上，还是信息技术上，他们宣称自己具有温和的执行力。他们的口号可以是：你不可能既拥有你的钱，还要花掉它！你不可能既拥有你的蛋糕，还要吃掉它！你不可能既"吃"你老婆，还要和她做爱！你不可能既活着，还要拥有你的生活！

　　但这种轻松是无情的。它的逻辑是一种无情的逻辑。如果乌托邦已被实现，那么不幸就不存在，穷人也不再可信。如果美国复活了，那么对印第安人的屠杀就不曾发生，越战也不曾发生。在频繁造访西部富裕的农场主或制造商时，里根从不曾怀疑，甚至也没有触及穷人的存在。他只知道财富的显而易见的事实，力量的同义反复，并将其扩大到整个国家，甚至整个世界的维度。贫穷的人注定被遗忘，被抛弃，消失殆尽。这是"必须出去"（must exit）的逻辑："穷人必须出去。"财富和效率所发出的最后通牒将他们从地图上抹去。这合情合理，因为他们品位糟糕，偏离了普遍的共识。

　　贫苦之人以前还可以被人们救济，还被维持在某种社会救助范围之内，这一切已在天意的（总统的）法令的打击下倒塌。仿佛最后审判已经发生。善人被认为是善的，其他人都被抛弃。善意的终结，内疚的终结。第三世界，给人留下不祥的记忆，被抹除。它只令富人感到内疚，而且拯救它的全部努力都已注定失败。结束了。第四世界（le Quatrième Monde）万岁，人们对这个世界说："乌托邦已经实现。那些没能参与其中的，都消失吧！"这个世界不再有露面的权利，被剥夺公民权（disenfranchised），丧失了说话能力，注定被遗忘，被赶出去并在二流的命运中（une fatalité de second ordre）走向死亡。

剥夺公民权。

人们一个接一个地失去其权利，首先是工作，然后是汽车。驾驶执照没有了，身份也就没有了。大批人口就这样陷入遗忘之中，被完全抛弃。解放是一个历史事件：是农奴和奴隶获得自由，是第三世界的去殖民化，而在我们的社会，是各种特权：工作权，投票权，性解放，女性权利，囚犯权利，同性恋权利——今天，这些东西已在各地被赢得。权利到处被赢得。可以说，世界是自由的，无须再为什么事物去斗争。但是，与此同时，很多群体整个地被遗弃（个体也是如此）。社会正在遗忘他们，而他们在遗忘自己。他们从镜头中消失，他们是注定要被抹杀，注定要成为被抹去和消失的统计曲线的幽灵。这就是第四世界。我们现代社会的整个部门，第三世界的所有国家都整体地陷入了第四世界的沙漠化地带。但是当第三世界仍然拥有一种政治意义（即使这是一种引起轰动的世界性的失败），第四世界，则连这一点意义也没有了。它是超政治的。这是我们这个社会政治清偿的结果，是我们这个先进的社会政治清偿的结果，是被驱逐出交流社会的结果，它打击的恰恰是交流社会。这在全世界的范围内都有效。我们只能将其与为维持世界的价格，人们在火车头里烧掉数千吨咖啡的事件相比较。或者再与原始民族中多余的人群相比，他们像旅鼠一样，在某位先知的带领下灭亡，走向海洋地平线并消失其间。国家的政治自身变成否定性的了。它们不再那么以社会化、一体化、创造新的权利为目的。在社会化和参与化的表象后面，它们去社会化，它们去公民权，它们被驱逐。社会秩序正逐步收缩为建立在交换、技术、尖端的集团的基础上的秩序，而在如此强化自身的同时，这一秩序去除了（désintensifie）变成保护区，甚至保护区也不是的整个区域的强度：变成了垃圾场，空地，新穷人的新沙漠，正如我们看到核电站或高速公路周围的土地日渐沙漠化。人们不会做任何事去挽救这片土地，或许也没什么可做的，因为解放，获得自由，扩张，这些都已发生。因此，这些不是未来革命的因素，而是力量的狂欢的无可降解的结果，也是扩张后的世界之不可逆转的集中化的不可降解的结果。唯一的问题是：这种渐进的去公民权运动（它已经在里根和撒切尔的统治下愈演愈烈）将产生怎样的局面？

我们想问里根怎么如此受欢迎。但有必要确定他被给予的是什么类型的信任。这种信任美好得几乎不太真实：为什么在他面前任何抵抗都不攻自破？为什么任何错误，任何挫折都无法损害他的信誉，而且这一信誉却悖谬地得到加强（这激怒了我们法国的领导人，对他们来说，事情是反其道而行之的：他们越是表现出主动性和善意，对他们的评价就越低）。但这恰恰是，人们投注给里根的信任是一种"似是而非的信任"。就像我们区别真实的睡眠和似是而非的睡眠，有必要区分真实的信任和似是而非的信任。前者是根据一个人的品质或者其成功被授予某个人或某个领导者的。而似是而非的信任是人们根据一个人的失败或其品质的缺乏而给予某人的。这种信任的原型是预言的失败，是弥赛亚主义和千禧年主义的历史中众所周知的过程，这一过程之后，集团不仅没有否定其首脑并且解散自己，反而紧密地团结在他的周围，并且创造了宗教的，教派的或教会的体制，以确保信仰。这些体制之所以牢固，是因为它们从预言的失败中获取了能量。这种"添加"（surajoutée）的信任因此不会遭受任何减弱的损害，因为它来自对失败的否定。相对而言，包围着里根的可信度就是这样一种惊人的氛围，它迫使人想到美国的预言，即实现了的乌托邦同时又是世界强国的伟大前景，遭遇了挫折，这一本该为两百年历史加冕的想象的壮举的事件恰恰没有实现，而里根就是这个预言失败的产物。通过里根，一套从前有效的价值体系变得理想化，成为想象的产物。美国形象成为了美国人自己想象的产物，而它有可能深受连累。这种从自发的信任到似是而非的信任的翻转（retournement），以及从实现了的乌托邦到一种想象的夸张的翻转，这在我看来是一个转折点。但是可能事情没那么简单。因为并没有言论说美国形象在美国人自己眼中产生了深刻的变异。也没有言论说里根时代的这个转折是突变后的另外的东西。谁知道呢？今天，在一个过程和一个过程的仿真之间进行确定和区别，在一次飞行和一次飞行的仿真之间进行确定和区别，有着同样的困难。美国也同样进入了无法确定的时代：它仍然是真实的力量，或者是对力量的仿真呢？

里根能不能被认为是当前美国社会的象征——这个社会，在拥有力量的原始特征之后，如今已处在更新的阶段？另一个假设是：美国已经不再是从前的美国，但它仍继续在往前冲，它已经进入力量的滞后（hystérésie）阶段。滞后作用：事物因惯性而继续发展的过程，起因消失而作用仍在持续的过程。因此，我们可以谈论历史的滞后作用，社会主义的滞后作用，等等。事物像某个运动中的身体那样，因已经获得的速度，或靠着惯性的机动，继续运转着，或者像一个无意识的人，因平衡的力量，仍然保持站立。或者，以一种更滑稽的方式：就像雅里（Alfred Jarry）① 小说《超男》（*Surmâle*）中的自行车手，他们在骑自行车横穿辽阔的西伯利亚时，已经因精疲力竭而死亡，但却还在继续踩着自行车踏板并驱动着那"伟大的机器"，将死后的僵硬转换成了驱动的能

---

① 阿尔弗雷德·雅里（Alfred Jarry，1873—1907），法国著名小说家和戏剧家。小说《超男》（*Surmâle*）出版于 1902 年，内有五个人骑五人自行车与火车比赛穿越西伯利亚的情节。

量。精彩的小说：死人或许具有同样的加速的能力，而且比起活人来，能够更好地令机器运转，因为他们不再有任何问题。美国像不像是雅里的五人自行车？但这里也是如此，如果说美国机器遭受充电中断或魅力中断似乎是个显而易见的事实，谁又能说这一切是经济萧条，或者是机械过度冷却的产物呢？

美国肯定不像欧洲那样，深受某些伟大观念的复苏或对历史激情的失去兴趣的影响，因为这些都不是它发展的动力。相反它所遭受的影响，就是曾受到质疑的意识形态的消失，与曾反对过它的一切的弱化。如果说二战后的二十年里，美国显得更为强势，那么揭露它的种种观念和激情也更为强势。当时的美国体系能够遭受猛烈的攻击（在六七十年代，这一攻击甚至来自内部）。今日，美国已不再拥有同样的霸权，而且不再行使同样的垄断，但它也变得不受质疑，且无可质疑。它曾是种力量，如今变成了一个典范（公司、市场、自主创新、绩效），这一典范甚至普及到了中国。国际风格已经变成了美国风格。不再有任何真正反对它的事物，攻击性的边缘力量已经被吸收，伟大的反资本主义意识形态已经被清空了本质。总而言之，围绕着合众国，继而在整个世界，正在建立起一种共识效应，与里根在美国建立的共识效应相同。一种可信度，广告的效应，一种潜在对手身上抵抗力的消失。里根经历的情况也是这样的：渐渐地，反对他的，处于他对立面的事物都消失了，然而我们却不能肯定他有一种政治本身的天赋。通过省略反对元素和边缘达成共识。政治衰退，公关崛起。这与合众国在整个星球范围内产生的效果是相同的。美国的力量似乎并不是受某种天赋本身所启发（它在一种空虚中通过惯性运转，走一步算一步，并且为它自己的力量所牵制）。——另一方面，美国令自己置身于闪光灯下，置身于广告的噱头中。美国的广告和神秘的力量似乎贯穿了世界，与里根周围的广告的极化（polarisation）相同。正是这样，通过这种附加价值，通过这一指数的，自我指涉的且没有真正依据的可信度，整个社会在广告的灌注下稳定下来。世界市场上的美元的过冷现象（surfusion）就是这种象征和最好的例子。

然而，这是一种脆弱的元稳定，外部的层面以至于内部的政治层面都是如此。因为归根到底，它只能归之于所有真实的选择的消散，阻力和抗体的消失。这是美国力量的真正危机，这是依靠惯性令稳定性成为可能的危机，在空虚中实现力量的神圣提升（assomption）的危机。在很多方面，它就像是某个受过度保护的机体失去了免疫性防御功能。这就是为什么里根得癌症一事在我看来是一种诗意的讽刺。癌症的样子（figure）有点像那种透明的可信度的形象（l'image），像那种身体的欣快的形象，这个身体不再产生抗体，因功能性的过度而有毁灭的危险。世界最强大的力量的首脑患了癌症！权力（pouvoir）受到癌细胞转移的控制！我们文明的两极在此会合。总统的免疫力的解除，马上将是艾滋病！这可能标志着一种普遍的内爆（l'implosion）开始（在东方，权力已经长时间处在细胞坏死的控制中）。

但是，我们走得有些快了，而谈论绝经期（ménopause）可能更合适。公众精神的缓和，70年代的社会动乱之后出现的全面的重心调整，所有新边疆的结束，事物的保守的和广告式的管理，最低水平的，不计未来的表演性，苦行和锻炼，商业和慢跑，吸毒的迷幻和狂欢的终结，企业的某种自然主义乌托邦的复兴和种族的某种生物社会学上的保存——所有这一切不正意味着力量的光彩终于黯淡，而绝经期歇斯底里的欣快终于开始了吗？或者，再一次地，里根阶段只不过是暂时的康复期，是萧条之后的复苏，但它预示了其他的反弹？然而，所有"新边疆"，所有"肯尼迪思想"在今天看来都无法想象。事实上，这甚至就是美国时代空气中发生深刻变化东西：里根效应已经抽干了国家的空气。

话虽如此，绝经效应并不是美国特有的，在所有西方民主国家中都能感受得到它，既在文化中，也在政治中，既在个人情感中，也在意识形态化的激情中，它四处肆虐。只能希望在进入第三个纪元（le Troisième Age）

时，我们能够遭遇与之相伴的第三类（Troisième Type）接触（啊，我们已经有过壮年时期的魔鬼，即法西斯主义）。至于美国的现实，即便做了拉皮手术，它仍然保留了一种规模，一种超大的尺度，同时还保留了一种未经毁损的未开化的状态。所有的社会最终都会戴上面具，既如此，为什么不能是里根的面具呢？但是，保持不变的，这就是开始就在那儿的东西：空间和虚构的天赋。

图 11　美国亚利桑那州沙漠晚霞

永远的沙漠

日落是巨大的彩虹，会持续一个小时之久。季节在这里不再有意义：早上，这是春天，到了中午，这是夏天，而沙漠的夜晚是寒冷的，不用说这已经是冬天。这是一种悬置的永恒，在其中，一年里每天都在更新。并且可以确信，将来的每一天也都将如此，每个黄昏都将有这样一道拥有光谱的所有颜色的彩虹，在其中，光线以其不可分的形式统治了一整天之后，到了晚上，在其消失之前，就依照组成它的所有色调（nuances）再行解析。这色调就是在太平洋的浪尖上的在风中燃烧的瞬间就已经形成的彩虹的色调。

这是气候无懈可击的恩赐，是自然的特权，它令人类毫无意义的富足尽善尽美。

这是一个没有希望的国家。甚至垃圾都是干净的，贸易是顺畅的，交通是平和的。

潜在的，乳状的，致命的——一种如此具有流动性

（liquidité）的生活，如此具有流动性的符号和信息，一种如此具有流动性的身体和汽车，头发如此金光闪闪，软技术如此华丽精致，使欧洲人幻想死亡和凶杀，幻想自杀者的汽车旅馆，幻想放荡狂欢和同类相食，以挫败这海洋的完美，光的完美，以挫败这生活的无意义的便利性，挫败这里每样东西的超真实性。

因此产生了一种错觉，因为太平洋的地震和坍塌，将造成加州的终结，造成它罪恶的和令人反感的美的终结。因为，超越生存的困难，活在天空、悬崖、冲浪、沙漠的唯一的流动性中，活在幸福的唯一的假设中，这是不可忍受的。

图 12　美国加利福尼亚州科切拉山谷晚霞

但是，甚至地震的挑战仍然只是一种与死亡的调情，并且仍然是自然美的一部分，正如历史或革命理论，它们的超真实的回声带着一种来自前世生命的谨慎的魅力，在这里走向死亡。

所有残留下来的狂暴的和历史的需求：这就是海滩上的涂鸦，面朝大海，不再乞怜于革命的大众，而是求助于天空和大海和太平洋透明的神性：

请，革命！

然而，最庞大的海军基地，即太平洋第七舰队基地，美国统治世界的化身，以及世界上最强大的火力，这造就了这种傲慢的美，难道这是无关紧要的吗？

仍旧是在这里，圣安娜（Santa Ana）漂亮异常的魔力随风吹送，沙漠的风穿越山脉，在此停留四五天，随后驱散雾气，令土地灼烧，令大海波光闪耀，令习惯雾霭天气的人窒息——圣安娜最美丽的东西，就是海滩上的夜，人们在这里游泳，仿佛像在大白天，就像吸血鬼一样，人们在月光下把自己晒成了古铜色。

这是个没有希望的国家。

对我们来说，我们是美学和意义、文化、品位与诱惑的狂热追求者，对于我们来说，我们认为具有深刻道德性的美才是仅有的美，认为自然和文化之间的巨大的差别才是仅有的激情，对于我们来说，我们永远地受缚于批判意识和超验性的幻觉之中，对于我们来说，这是一种精神冲击和闻所未闻的解脱，在沙漠和城市中，去发现无意义的魔力，发现同样至高的令人目眩的断裂的魔力。人们可以因摆脱了一切文化而愉悦，可以对冷漠的加冕激动不已。

我谈论的是美国的沙漠和不能称其为城市的城市……没有绿洲，没有历史建筑、矿物和高速公路的镜头的推移。到处都是如此：洛杉矶或加州的"二十九棵棕榈树镇"（Twenty-Nine Palms），拉斯维加斯或加州的伯瑞格泉镇（Borrego Springs）……

没有欲望：只有沙漠。欲望仍然具有某种沉重的自然性，在欧洲，我们还生活在它的遗迹中，还生活在某个濒死的批判文化的遗迹中。在这里，城市是移动的沙漠。没有历史建筑，没有历史：只有移动的沙漠和仿真的兴奋。在连绵不绝的和冷漠的城市，在南达科他州的伯特兰德（Badlands）的完整的寂静中，是同样的未开化状态。为什么洛杉矶如此迷人，为什么沙漠如此迷人？因为一切深度问题在这里都得到解答——明亮的、移动的、表面的中立性，对意义和深度的挑战，对自然和文化的挑战，对外部的超空间的挑战，从此以后不再有起源，不再有参照。

在这一切之中，没有魅力，没有诱惑。诱惑在别处，在意大利，在某些已变成绘画的风景中，这些绘画文化气息浓郁，品位高雅精致，一如收藏它们的城市和博物馆的设计。空间是限定了的，描绘出的，高度诱惑的，意义在此达到了如此奢侈的地步，导致它最终变成了装饰品。而这里正好相反：没有诱惑，但是有一种绝对的魔力，即在某种无对象的中立性的光照下，生活的所有的批判和美学形式消失的魔力。内在的和太阳的。沙漠的魔力：没有欲望的静止。洛杉矶的魔力：毫无意义的和没有欲望的交通。美学的终结。

消失殆尽的不仅是装饰的美学（自然的或建筑的装饰的美学），还有身体和语言的美学，以及关于形成欧洲人，尤其是欧洲人，尤其是拉丁民族的精神和社会习惯的一切的美学，这一不间断的"即兴喜剧"①，社会关系的夸张和修辞，说话方式的戏剧化，语言的伪装，化妆和矫揉造作的身体语言的气氛。有关诱惑、品位、魅力、

①　16世纪出现于意大利的喜剧形式，人物戴面具进行表演，多为即兴演出。

戏剧，还有矛盾冲突，暴力的全部美学和修辞学的魅力，总是被话语，被游戏，被距离，被诡计重新控制。我们的世界从来不是沙漠的世界，它一直是戏剧的世界。始终是模棱两可的。始终是文化的，而在它世代流传的文化性中，是有点荒谬的。

这就是吸引人的东西，就是所有这一切的缺席，加上城市中建筑的缺席，城市已退化为特征性的长镜头的推移，也是面孔和身体上的情感和性格的令人晕眩的缺席。漂亮、苗条、柔顺或者酷，或者古怪的肥胖，后者与其说与某种强迫性贪食症相关，可能更多的与某种普遍的无条理性（incohérence）相关，导致了身体或语言，饮食或城市的一种无拘无束：局部和连续功能的松散的网络，在各个方面都增生扩散的肥大的细胞组织。

因而，城市唯一的组织就是高速公路的组织，交通工具的，或者更确切地说，是无止尽的跨都市的组织，是闻所未闻的景观，成千上万辆汽车以同样的速度，在两个方向上，在灿烂的阳光下亮着所有的大灯，行驶在文图拉高速公路上，不知道从什么地方来，也不知道向什么地方去：巨大的集体行动，不停的，无侵犯性的，没有目标的行驶和展开——转移的社会性，可能是一个超真实技术的，软移动（soft-mobile）的时代的唯一社会性，在表面、网络和管理技术中耗尽了自己。

在洛杉矶既没有电梯也没有地铁。既没有垂直性也没有地下性，既没有混杂性也没有集体性，既没有街道也没有门面，既没有中心也没有历史建筑：一切分散的功能和所有没有等级的符号的一个奇异的空间，一个幽灵般的不连续的连续——冷漠的奇景，冷漠的表面的奇景——是纯粹的延展空间的力量，是我们在沙漠中发现的力量。沙漠形式的力量：在沙漠中，是对一切痕迹的抹除，在城市中，是对符号所指的抹除，在身体中，是对一切心理状态的抹除。动物性的、形而上的吸引力，即延展空间的直接的吸引力，干燥和荒凉的内在的吸引力。

加州的神秘力量存在于某种极端的分离和某种在现场感受到的令人头晕目眩的移动性的混合之中，这是一个沙漠、高速公路、大海和阳光的超真实的剧本。任何别的地方都不可能存在这样一种闪电般的结合，彻底的无文化和令人叹为观止的自然美景的结合，自然奇迹和绝对拟像的结合：正是在全面的非指涉性和分离性的极端混合中，但这一混合体又嵌入最原始和特征强烈的沙漠和海洋和阳光的自然景色中——这种对立的顶点在其他任何地方都无法找到。

在其他地方，自然美景是沉重的意义和乡愁，并且文化自身因重要性而令人难以承受。强健的文化（墨西哥、日本、伊斯兰世界）映照出了我们自己的衰退的文化的镜像，和我们深重的罪感的形象。强健的、仪式化的、地域性的文化的意义的增添把我们变成了"外国佬"，僵尸，变成了被软禁在该国的自然美景之中的游客。

加州不会发生这样的事件，在这里严谨就是一切，因为文化自身在这里是一个沙漠——而且文化必须是一个沙漠，才能令一切事物取得平等地位，并在同一种超自然的形式中发出耀眼光芒。

这就是为什么从伦敦经由北极飞往洛杉矶的航班本身，在它的同温层的抽象性中，同样在它的超真实性中，已经成了加州和沙漠的一部分。

去领土化从夜晚和白天的断裂开始。当它们的分界线不再是个时间问题而是个空间的、高度的和速度的问题时，而且划分得如此清晰，正如在垂直性上也是如此——当我们的飞机像穿越云层那样穿越夜晚，速度如此之快，以至于我们感觉到好像它是某个围绕地球旋转的本地的物体，或者正好相反，当夜晚完全消失，在十二个小时的飞行中，太阳始终位于天空的同一点上，此时，这已经是我们的时空的终结，而这同样的奇景也就是西方的奇景。

在这里，高温的奇迹是形而上学的。色彩本身，蓝色粉彩，紫色，淡紫色，产生自一种缓慢的、地质的、无时间性的燃烧。地下的矿物质通过水晶质的植物冲出地表。这里的一切自然元素都经过了火的考验。沙漠不再是一种风景，它是一种纯粹形式，产生自所有其他风景的抽象。

它的定义是绝对的，它的边界是起始的，山脊是有活力的，轮廓是残酷的。这是一种迫切的必然性和不可抗拒的必然性的符号的场所，但它们没有任何意义，武断且非人性，人们穿越这个场所，却不去解读这些符号。不可改变的透明性。沙漠里的城市同样终结得直截了当，它们没有环境。它们就像来自海市蜃楼，而后者每时每刻都可能消失。只需看看拉斯维加斯，崇高的拉斯维加斯，在黄昏时分，整个地从沙漠中突然出现，沐浴在磷光闪闪的灯火中，而在它消耗了整个夜晚的表面的强烈能量之后，在拂晓的微光中，它再次更加强烈的回归，当太阳升起时，它又回归至沙漠状态，看到这一切，才可以明白沙漠及沙漠中符号的秘密：一种令人着迷的不连续性，一种完全的和间歇性的光照。

赌博和沙漠之间的亲缘关系：城市边缘出现的沙漠

增强了赌博的强烈程度。房间内空调带来的清凉和外面的炎热形成了对比。所有人造光线向阳光的暴力发出了挑战。赌博的夜晚，所有的地方都"阳光明媚"，这是位于沙漠正中心的房间那闪闪发光的黑暗。赌博本身就是一种沙漠的、非人性的、没有文化的、神秘的形式，是对价值的自然经济的挑战，是处于交换活动边缘的一种疯狂。但是，它也有一种严格的界限，并且会突然终止，它的边界是明确的，它的激情并不含糊。沙漠和赌博都不是自由的空间：它们都是有限的空间，同心的空间，向内在增强强度：赌博的灵魂或沙漠的心脏——偏爱的空间，远古的空间，在那里，事物失去了它的影子，金钱失去了它的价值，在那里，踪迹和成其为符号的事物极度罕见，促使人们去寻找财富的瞬时性。

《美国》译后记

2005年底，我受当时任职的交大资助，到美国加州大学圣地亚哥分校(USCD)文学系做访问学者。因有近水楼台的便利，时在江苏人民出版社工作的好友杨全强博士由于兴趣和工作的需要，托我帮他购买鲍德里亚的全套著作，我就按图索骥，在亚马逊和ebay网上一本一本买了起来。

其实，鲍德里亚也是我很喜欢的一个法国哲学家。2001年秋，我重回母校读博士的时候，在南大特有的专为文科博士生开设的哲学扫盲班上，曾有幸被中国的西马旗手张一兵老师启蒙，当时，他挥动奥卡姆剃刀，犹如庖丁解牛一般把鲍德里亚解剖得体无完肤。因为张老师风度迷人，在听他的课的时候，常让我产生这样的困惑，到底是张老师如同孔雀开屏一样展开思想的方式迷人，还是鲍德里亚的思想本身更为迷人呢？

为了找到答案，课下我狠翻了几本鲍德里亚。不过，屡屡看后常觉张老师这个"拟像"比本尊更加生动鲜活，而他的讲述也比原作更能启发我的爱智虚荣心。但无论如何，我却从此对鲍德里亚不再陌生了。

所以，在买来鲍德里亚的书后，为排遣孤寂的海外生活，在加州过于明亮的阳光下，和过于蔚蓝的大海边，我时不时翻看几页，以从中寻找符号的形而上的安慰。这其中，就有《美国》。

其时，我已经完成了纵横美国的东西部之旅，因此，在翻阅这本鲍德里亚的美国游记时，我感觉自己似乎在"重走长征路"。鲍德里亚书中所描述的芝加哥、纽约、拉斯维加斯、洛杉矶、大峡谷，还有我所在的圣地亚哥，在我看来，无不具有一种"亲在"之感。更重要的是，鲍德里亚对美国的某些事物的感受让我产生强烈的共鸣，如他谈到加州圣塔巴巴拉山坡上的别墅如同坟墓——在我眼中，这些房屋与前些年先富起来的温州的山坡上林立的墓地无甚区别——，还有开车奔驰在洛杉矶的高速公路上时看到路牌上"右车道必须驶离"的那种命定感、绝望感，都让我心有戚戚焉，因为我每次一个人驾车在加州的高速公路上孤独的行驶的时候，看到这几个字都有一种突然开错车道而被迫离开这个车水马龙的世界的强迫性的恐惧，因为那样，无疑会使本来就非常孤独的我更加孤独。

回国后，我把鲍德里亚的著作如数移交给全强，唯独把《美国》的原本据为己有，而只给了他一本"仿真"

的复印本。因为知道这本书对我的意义，全强表示了充分的理解。更让我喜出望外的是，对法国现代哲学和艺术颇为熟稔的全强告诉我，他调到南京大学出版社工作后，已经把这本书的版权买了下来。我立即主动请缨，开始着手翻译这本书。

需要说明的是，我翻译的时候，是以 VERSO 出版社 1988 年出版的 Chris Turner 英文译本为底本，对照 Grasset 出版社 1986 年出版的法文原著翻译的。译毕后，为防错漏，特烦请我的朋友秦立彦博士进行了校阅。这里谨向她表示衷心的感谢。

还要致谢的是我的老友谈瀛洲，他总是随时为我耐心答疑解惑。印象最深的一次是在五角场百联广场的顶楼，当时，我上小学二年级的女儿和他上三年级的女儿在一家电玩城沉迷于电脑游戏的虚拟世界中不可自拔，而我们借此机会坐在旁边电影院的一幅巨大的好莱坞海报下，就书中的翻译问题展开讨论。此情此景，无不具有强烈的后现代色彩，我当时即心有所感，相信若是鲍德里亚本人亲至，必定会有更多发现。因为今天，即使中国，也已开始变得越来越像美国的拟像了。甚至，有时我觉得，应该反过来才对，真正的美国现在倒有点像是中国的拟像了。可遗憾的是，鲍翁的原本已消失，留下的也只是一些拟像的碎片。

但正如鲍德里亚所言，作为一个欧洲人，只有到了美国才能理解欧洲，或许，今天，作为一个中国人，在当下阅读他写的《美国》，多少也可了解一下我们中国自己。

因为，在当今这个已经日益全球化的世界上，我们已不可能仅仅通过我们自己理解自己。

2008 年 7 月 7 日于同济大学测绘楼

《美国》重译后记

自从我翻译的鲍德里亚的《美国》2011年由南京大学出版社出版后，我就再也没有关心过鲍德里亚的这本书，因为之后我就转向了对巴塔耶思想的研究。尽管出于研究巴塔耶思想影响的需要，我也写过一篇他对鲍德里亚的思想的影响，但并未涉及《美国》，所以，也就没再对鲍德里亚的这本书有过什么关心。

时间过得很快，就在我几乎已经完全忘记鲍德里亚的这本书的时候，去年春天上海人民出版社的于力平编辑忽然联系我，告诉我他们社已经买了这本书的版权，希望我可以借此机会修订一下译文再行出版。而这时距《美国》在国内出版已经过了十几年，书中的内容在脑海里也已经所剩无几，所以当我从书架上找到这本书时，感觉如同第一次读一样，重又充满了好奇和新鲜感，所以，我愉快地答应了力平的邀约。

这次修订还是依照1986年的Grasset出版社《美国》的法文原著展开，我尽可能纠正了以前的译文中的一些不准确的地方，同时尽可能多地增加了注释，以让读者便于或者加深对原文的理解。因为鲍德里亚在书中对美国进行描述时，有很多背景知识都一笔带过，使得读者对其"言外之意"或者其隐含的意义理解起来有不少难度，希望这次增加的注释可以有助于大家的理解。此外，此次的版本增加了过去的版本所没有的精彩插图，也可以使得读者对鲍德里亚所谈论的美国多一些图像的认知。还需要提及的是，杨全强兄知道我在修订这本书后告诉我，当初的译文曾经请南京大学外语学院的曹丹红教授校译过，但直到今天，我们也没有见过面，所以，在此我只能向她表示这迟到而诚挚的谢意。

当初翻译鲍德里亚的《美国》时，谁也想不到中美关系后来发生这么多的变化，但无论如何，加深对彼此的认识总不是坏事。我觉得鲍德里亚对美国的观感至今仍别具一格，因为他有着与我们不同的视角，所以他眼里的美国和我们眼里的美国总是有很多不同的地方，也许恰恰是这些不同之处可以让我们看到不同的美国，也让我们更好地理解美国这个国家的文化及政治。

2023 年 12 月 25 日课后于同济南楼教师休息室

图书在版编目(CIP)数据

美国:修订译本/(法)让·鲍德里亚著;张生译
.—上海:上海人民出版社,2024
ISBN 978-7-208-18609-5

Ⅰ.①美…　Ⅱ.①让…②张…　Ⅲ.①文化研究-美
国　Ⅳ.①G171.2

中国国家版本馆 CIP 数据核字(2024)第 076898 号

责任编辑　于力平
封面设计　林　林

美国(修订译本)

［法］让·鲍德里亚 著
张　生 译

出　　版　上海人民出版社
　　　　　(201101　上海市闵行区号景路 159 弄 C 座)
发　　行　上海人民出版社发行中心
印　　刷　上海盛通时代印刷有限公司
开　　本　890×1240　1/32
印　　张　6.25
插　　页　2
字　　数　106,000
版　　次　2024 年 6 月第 1 版
印　　次　2024 年 6 月第 1 次印刷
ISBN 978 - 7 - 208 - 18609 - 5/B·1715
定　　价　58.00 元

MINERVA

· 密涅瓦 ·

大师经典

《社会学的基本概念》	［德］马克斯·韦伯 著	胡景北 译
《历史的用途与滥用》	［德］弗里德里希·尼采 著	
	陈 涛 周辉荣 译	刘北成 校
《奢侈与资本主义》	［德］维尔纳·桑巴特 著	
	王燕平 侯小河 译	刘北成 校
《社会改造原理》	［英］伯特兰·罗素 著	张师竹 译
《伦理体系：费希特自然法批判》		
	［德］黑格尔 著	翁少龙 译
《理性与生存——五个讲座》		
	［德］卡尔·雅斯贝尔斯 著	杨 栋 译
《战争与资本主义》	［德］维尔纳·桑巴特 著	晏小宝 译
《道德形而上学原理》	［德］康 德 著	苗力田 译
《论科学与艺术》	［法］让-雅克·卢梭 著	何兆武 译
《对话录》	［英］大卫·休谟 著	张连富 译

人生哲思

《论人的奴役与自由》	［俄］别尔嘉耶夫 著	张百春 译
《论精神》	［法］爱尔维修 著	杨伯恺 译
《论文化与价值》	［英］维特根斯坦 著	楼 巍 译
《论自由意志——奥古斯丁对话录二篇》（修订译本）		
	［古罗马］奥古斯丁 著	成官泯 译
《论婚姻与道德》	［英］伯特兰·罗素 著	汪文娟 译
《赢得幸福》	［英］伯特兰·罗素 著	张 琳 译

《论宽容》　　　　　　　　[英] 洛克 著　　　　　　　张祖辽 译

《做自己的哲学家：斯多葛人生智慧的 12 堂课》

　　　　　　　　　　　[美] 沃德·法恩斯沃思 著　　　朱嘉玉 译

社会观察

《新异化的诞生：社会加速批判理论大纲》

　　　　　　　　　　　[德] 哈特穆特·罗萨 著　　　　郑作彧 译

《不受掌控》　　　　　　[德] 哈特穆特·罗萨 著

　　　　　　　　　　　郑作彧　马 欣 译

《部落时代：个体主义在后现代社会的衰落》

　　　　　　　　　　　[法] 米歇尔·马费索利 著　　　许轶冰 译

《鲍德里亚访谈录：1968—2008》

　　　　　　　　　　　[法] 让·鲍德里亚 著　　　　　成家桢 译

《替罪羊》　　　　　　　[法] 勒内·基拉尔 著　　　　冯寿农 译

《吃的哲学》　　　　　　[荷兰] 安玛丽·摩尔 著　　　冯小旦 译

《经济人类学——法兰西学院课程（1992—1993）》

　　　　　　　　　　　[法] 皮埃尔·布迪厄 著　　　　张 璐 译

《局外人——越轨的社会学研究》

　　　　　　　　　　　[美] 霍华德·贝克尔 著　　　　张默雪 译

《如何思考全球数字资本主义？——当代社会批判理论下的哲学反思》

　　　　　　　　　　　　　　　　　　　　　　　　　蓝 江著

《晚期现代社会的危机——社会理论能做什么？》

　　　　　　　　　　　[德] 安德雷亚斯·莱克维茨

　　　　　　　　　　　[德] 哈特穆特·罗萨 著　　　　郑作彧 译

《解剖孤独》　　　　　　[日] 慈子·小泽-德席尔瓦 著

　　　　　　　　　　　季若冰　程 瑜 译

《美国》（修订译本）　　[法] 让·鲍德里亚 著　　　　张 生 译